초기경전과 해결중심 접근

조보각 최영신 유성은 연이섬 김도우 지음

양성원

본 연구는 단나학술기금의 지원으로 이루어졌습니다

머릿말

불교는 자기 스스로 연기론적인 세상을 이해하고 깨닫는 지혜를 개발하고 그런 깨달음을 통해 세상의 모든 것을 자애와 연민, 환희, 평등으로 대하는 자비희사(慈悲喜捨)의 사무량심(四無量心)을 실천하는 인간중심 사상이다.

초기경전은 누구나 고를 갖고 있으며 고를 해결할 수 있는 능력 또한 인간에게 있으며, 정법에 따라 수행한다면 누구나 고를 해결할 수 있다는 붓다의 가르침을 전하고 있다. 이러한 사상은 해결중심 접근(Solution Focused Approach)에서 말하는 모든 인간은 성장하고 변화할 능력을 이미 내면에 가지고 있고, 문제가 생겼을 때 문제를 해결할 능력과 힘을 갖고 있다고 보는 관점과 유사하다.

해결중심 접근은 인간에 대한 긍정적인 철학을 바탕으로, 내담자(클라이언트)가 이미 자신의 문제를 해결할 수 있는 능력을 가지고 있다는 생각을 기본 전제로, 문제의 원인보다는 해결책에 초점을 두고 인간의 장점, 강점, 건강한 특성, 외적 자원 등과 같은 내담자의 자원을 발견하여 활용하는 사회복지실천방법론이다.

본 연구는 초기경전 『앙굿따라 니까야』에서의 중생 구제를 위한 붓다의 가르침과 해결중심 접근의 인간중심적인 철학 간에는 인간의 문제에 적용할 수 있는 비슷한 실천원리가 많다는 점에 착안하여, 초기경전인 『앙굿따라 니까야』를 해결중심 접근의 실천원리로 분석하고자 한다.

초기경전에서 나타나고 있는 붓다의 상담기법과 해결중심 접근과 관련된 사례 연구는 새로운 지평으로서 의의가 있다. 그러나 해결중심 접근과 관련된 초기경전, 특히 『앙굿따라 니까야』에 대한 연구는 거의 이루어지지 않고 있다. 본 연구는 초기경전 『앙굿따라 니까야』에서 붓다의 가르침이 중생의 문제 해결을 위해 어떠한 방법으로 전개되었는지에 대하여 해결중심 접근의 관점에서 사례를 중심으로 분석을 시도해 보고자 한다.

이를 통하여 초기경전 속에 나타난 붓다의 가르침이 사회복지실천 현장에서 어떻게 활용될 수 있는지, 내담자에 대한 수용과 실천가의 태도에서 해결중심 접근에 대한 불교 철학적 기반을 탐구하여, 초기경전의 실천적 형태로서 해결중심 접근의 가능성을 확인하고, 그 연결지점을 밝힘으로써 해결중심 접근에 대한 이론적 기반이 더욱 풍부해 질 수 있다고 생각한다.

본 연구는 해결중심 접근을 통해 초기경전인 『앙굿따라 니까야』를 해석함으로써 해결중심 접근의 원리로서 초기경전의 활용가능성을 제시하고, 해결중심 접근의 기본 철학, 전제가치, 적용기법 등에 대한 불교적 해석과 적용을 통해 해결중심 접근의 이론적 토대가 더욱 확대되고, 나아가 불교사회복지를 실천하기 위한 방법론의 구축과 불교사회복지의 정체성을 확립하기 위한 첫 시도라는 점에 연구의 의의가 있다.

본 연구에서는 대림스님이 번역하고 초기불전연구원에서 발간한 『앙굿따라 니까야』(2013) 전6권을 연구의 분석대상으로 하였다. 해결중심 접근을 적용하기 위한 주요 이론서로는 Peter Be Jong & Insoo Kim Berg의 2013년 저서인 『Interviewing for Solutions』을 노혜련교수와 허남순교수가 번역한 『해결을 위한 면접』(2015)을 참고하였다. 본 연구의 구성은 제1장에서는 초기경전인 『앙굿따라 니까야』에 대하여, 제2장에서는 해결중심 접근의 이해에 대하여, 제3장에서는 『앙굿따라 니까야』속 해결중심 접근의 사례에 대하여, 제4장에서는 『앙굿따라 니까야』속 해결중심 접근 사례의 실천원리를 오늘날 해결중심 접근 상담 사례에 적용하여 보고, 제5장에서는 불교사회복지 실천의 적용가능성에 대하여 논의하고자 한다. 한편 제3장과 제4장에서는 『앙굿따라 니까야』에서 찾을 수 있는 해결중심 접근의 사례를 분석하고 기술하는 과정에서 『앙굿따라 니까야』의 내용에 대한 이해를 돕고자 각각의 사례 끝부분에 각 경에 해당하는 『앙굿따라 니까야』의 내용을 대림스님이 번역한 원문 그대로 실었다.

본 연구가 사회복지실천의 주요이론 중의 하나인 해결중심 접근의 철학적 기반을 불교경전원문에서 찾으려하는 처음 시도인 만큼 경전에 대한 학문적으로 깊은 분석이나 이해가 이루어지지 못하는 한계에 대하여 우리 연구자들은 모두 공감한다. 그러나 불교의 교리가 현실사회에 적용될 수 있는 여러 시도들의 하나로서, 이 시도가 붓다의 가르침을 불교사회복지실천이론에 접목하여, 인간의 문제를 현실적으로 나아가 궁극적으로 해결하고자 그 기반을 찾는 앞으로의 많은 연구들의 디딤돌이 되어 보다 풍부한 연구들로 이어졌으면 하는 희망이 있다.

끝으로 이 책이 나올 수 있도록 지원을 해 주신 중앙승가대학교 총장님과 단나학술기금 관계자 여러분께 깊은 감사드린다.

2018년 3월

연구자 일동

차 례

제1장 ❙ 초기경전의 이해 · 11

제1절 니까야 이해 ···················· 12

제2절 『앙굿따라 니까야』의 구성 ···················· 17

제2장 ❙ 해결중심 접근의 이해 · 27

제1절 해결중심 접근의 발달과정 ···················· 28

제2절 해결중심 접근의 기본 원리 ···················· 30

1. 내담자는 자기 삶의 전문가이다 ···················· 30
2. 내담자가 원하는 것에 초점을 둔다 ···················· 30
3. 내담자의 강점에 초점을 둔다 ···················· 31
4. 변화는 늘 있는 것이다 ···················· 32
5. 현재와 미래에 초점을 둔다 ···················· 33

제3절 해결중심 접근의 실천 원칙 ···················· 34

1. 내담자가 문제 삼지 않으면 실천가가 먼저 건드리지 않는다 ···· 34

2. 하고 있는 것이 효과가 있으면 더 한다 ··· 34
3. 하고 있는 것이 효과가 없다면 다르게 한다 ··· 35

제4절 해결중심 접근의 방법 ··· 36
1. 내담자가 원하는 변화를 구체화하기의 특성 ··· 36
2. 내담자와 일하는 데 도움이 되는 방법 : 유용한 질문 등 ··· 41

제3장 | 초기경전과 해결중심 접근의 사례 · 53

1. 힘 경 (A2:2:1) ··· 54
2. 깨달음의 구성요소 경 (A2:2:2) ··· 56
3. 선 경 (A2:2:3) ··· 60
4. 대중공사 경 (A2:2:5) ··· 65
5. 법답지 못한 행위 경 (A2:2:6), 행하지 않음 경 (A2:2:7) ··· 68
6. 외도의 주장 경 (A3:61) ··· 73
7. 꼬살라 경 (A5:49) ··· 83
8. 나라다 경 (A5:50) ··· 87
9. 원한을 제거함 경2 (A5:162) ··· 94
10. 나꿀라 경 (A6:16) ··· 100
11. 천신 경 (A6:69) ··· 106
12. 시하 경 (A8:12) ··· 112
13. 적당하지 않은 순간 경 (A8:29) ··· 124
14. 두려움 경 (A8:56) ··· 130
15. 안거를 마침 경 (A9:11) ··· 134
16. 수부띠 경 (A11:15) ··· 143

제4장 | 해결중심 접근 사례분석 · 153

1. 사례분석 1 : 뽀딸리아 경 (A4:100) 154
2. 사례분석 2 : 나쁜 이야기 경 (A5:157) 165
3. 사례분석 3 : 시하 경 (A7:54) 184

제5장 | 불교사회복지 실천의 적용가능성 · 201

참고문헌 213

〈표 차례〉

〈표 1〉 5부 니까야 정리 ······ 16
〈표 2〉 본문 중에서 해결중심 접근 사례로 해석한 경 ······ 25
〈표 3〉 문제중심 접근과 해결중심 접근의 비교 ······ 165

〈그림 차례〉

〈그림 1〉 내담자가 처음 그린 난화(亂畵) ······ 197
〈그림 2〉 실천가가 내담자의 난화(亂畵)에서 찾아낸 숨은 그림과 상징들 ······ 198
〈그림 3〉 돌려받은 난화(亂畵)에 잠재되어 있던 선과 점을 부가하여 내담자가 새롭게 탄생시킨 그림 ······ 199

제 1 장

초기경전의 이해

제1절 니까야 이해[1)2)]

"아난다여, 그런데 아마 그대들에게 '스승의 가르침은 이제 끝나 버렸다. 이제 스승은 계시지 않는다.'라는 이런 생각이 들지도 모른다. 아난다여, 그러나 그렇게 봐서는 안 된다. 아난다여 내가 가고난 후에는 내가 그대들에게 가르치고 천명한 법과 율이 그대들의 스승이 될 것이다"(『대반열반경』, Dl6:6:1).

붓다의 입멸 후 붓다가 가르치고 천명한 법(法, Dhamma)과 율(律, Vinaya)이 남았다. 붓다의 제자들은 마하깟사빠(대가섭) 존자를 수장으로 인류가 해탈(解脫)·열반(涅槃)이라는 최고의 이상을 실현하도록 길잡이가 되고 진정 한 스승이 될 법과 율을 함께 노래(합송)해서 진정한 붓다의 몸[法身]을 이 땅 위에 구현해 내었다. 제자들은 먼저 율의 바구니[律藏, Vinaya-Pitaka]를 채우고, 다음으로 법의 바구니[經藏, Dhamma-Pitaka]를 채우면서 다섯 개의 부분[Nikāya]으로 나누어 합송하였다. 붓다의 가르침을 정리하는 첫 번째 기준은 길이·주제·숫자 3가지였다. 길게 설하신 가르침 『디가 니까야』, 중간 길이로 설하신 가르침 『맛지마 니까야』, 주제별로 모은 가르침 『상윳따 니까야』, 그리고 경들에 나타나는 가르침을 숫자[法數]별로 하나에서 열하나까지의 법수를 가진 모음으로 분류한 뒤 숫자 차례에 따라 모아서 『앙굿따라 니까야』에 합송(合誦)하여 채워 넣었다(각묵

1) 본 연구는 초기경전 중 빨리 니까야를 중심으로 하였으며, 빨리 니까야는 붓다께서 당시에 하신 설법을 구성하여 편집한 것이다(미산스님, 2010: 49 참조).

2) '니까야 이해'는 초기불전연구원에서 발행한 각묵스님 역. 2006. 『디가 니까야 1』, 대림스님 역. 2012. 『맛지마 니까야 1』, 각묵스님 역. 2013. 『상윳따 니까야 1』, 대림스님 역. 2013. 『앙굿따라 니까야 1,2,3,4,5,6』의 서문을 요약하였다. 본 연구논문의 주 내용이 대림스님의 『앙굿따라 니까야』을 중심으로 해결중심 접근과 관련된 사례들을 발췌 및 분석하였기 때문에, 이와 관련한 이해를 돕기 위해 요약 정리한 것이다.

스님 역, 2013: 17-19).

『디가 니까야』는 붓다가 길게 설한 34개의 경전이다. 붓다의 업설, 수행방법, 우주론 등 거대담론을 담고 있다. 전반적인 특징을 보면 먼저, 대기설법(對機說法)이다. 대기설법이란 듣는 사람의 근기(根機)에 맞추어 설하는 법이다. 붓다는 법을 잘 이해할 수 없는 사람이나 법을 잘 알아들을 수 있는 사람에게도 그 사람의 근기에 맞게 다양하게 법을 설하였다. 같은 내용도 상황에 따라서 사성제(四聖諦)로 설하기도 하고, 팔정도(八正道)로 설하시기도 하고, 12연기(十二緣起)로 설하시기도 하고, 무아(無我)를 강조해서 설하시기도 하며, 수행에 관계된 말씀도 어떤 때는 오근(五根)·오력(五力)으로 설하기도 하고, 칠각지(七覺支)를 강조해서 설하시기도 하고, 사념처(四念處)를 강조하기도 하고, 37보리분법(三七菩提分法) 전체를 설하기도 한다. 이처럼 붓다는 듣는 사람의 처한 상황이나, 문제의식이나, 이해 정도나, 수행 정도나, 기질이나 성향에 따라서 다양한 방법으로 법을 설하였다. 두 번째는 대화의 정수를 보여주고 있다. 대화는 듣는 사람의 기틀을 먼저 생각하는 대기설법의 가장 강력한 수단이었다. 대화는 『디가 니까야』 뿐만 아니라, 다른 니까야에도 공통적으로 적용되는 특징이지만, 『디가 니까야』에는 더욱더 대화를 중시하는 경들로 구성되어 있다. 세번째는 거대담론이다. 우주와 인간과 삶과 역사와 윤회에 대한 거대담론이 『디가 니까야』의 중요한 특징이다. 『디가 니까야』의 큰 장점은 길이의 제한이 없으므로, 특정 주제나 특정 사건을 놓고 여러 측면에서 상세한 분석과 설명과 해명을 하고 있다. 『디가 니까야』 전체에서 삼학, 팔정도, 37보리분법, 사념처, 연기의 통찰이 설해지고 있다. 특히, 바른 마음챙김[正念]이 붓다가 제시하는 새로운 도(道), 진정한 도(道)의 핵심으로 제시된다. 고행을 통한 금욕과 삼매수행을 통한 신통을 구족하려는 사문의 길과, 제사와 베다 공부와 삼매 체험을 통해서 범천에 태어나기를 갈망하는 바라문의 가르침을 넘어서서 붓다는 이러한 팔정도로 대표되는 도(道) 닦음을 통해서 완성되는 아라한의 경지를 드러낸다. 고정된 주제에 마음을 집중함으로써 번뇌에서 벗어나는 심해탈(心解脫)과 지혜를 통해 번뇌를 끊어 내는 혜해탈(慧解脫)을 완성한 아라한을 정점으로 하는 성자는 태생이나 계급이 아닌, 戒・定・慧에 의해서 완성된 인간의 모습으로 실현됨을 이야기하고 있다(각묵스님 역, 2006: 23-42).

『맛지마 니까야』는 붓다와 제자들이 남긴 가르침 가운데, 그 길이가 중간 정도에 해당하는 경들을 모아서 결집한 것으로 경 152개가 들어 있다. 『맛지마 니까야』의 중요한 특징으로 4선・3명・6통・8통[3] 등 수행과 깨달음에 관계된 가르침을 들 수 있다. 특히 붓다의 성도과정을 4선-3명으로 설명하고 있고, 이것은 다시 15단계 계・정・혜(戒定慧)의 정형구로 정착이 된다. 『맛지마 니까야』에 나타나는 초기불교의 교학과 수행은 온・처・계・제・연(蘊處界諦緣), 혹은 온・처・계・근・제・연(蘊處界根諦緣)과 팔정도・칠각지・사념처・오근・사정근・오력・사여의족 37보리분법으로 정리된다. 또 붓다는 2연기를 유전문(流轉門)・환멸문(還滅門)・순관(順觀)・역관(逆觀)의 관점에서 설하고 있다. 『상윳따 니까야』가 불교의 이론을 집대성한 가르침이라면 『맛지마 니까야』는 이 이론을 토대로

---

3) 4선(禪): 초선, 제2선, 제3선, 제4선.
3명(明): 숙명통, 천안통, 누진통.
6통(通): 신통변화(신족통), 천이통, 타심통, 숙명통, 천안통, 누진통.
8통(通): 6통에 지와 견, 마음으로 이루어진 몸의 두 가지가 첨가된 것임.

한 철저한 수행체계를 드러낸다. 수행 중에 극복해야 할 번뇌나 장애 등의 불선법(不善法)들을 상세하게 열거하기도 하고 수행 중에 만나는 광명 등의 현상을 설명하기도 한다. 수행삼경(修行三經)이라 부를 수 있는 마음챙김에 관한 핵심이 되는 경들도 포함되어 있다(대림스님 역, 2012: 42-75).

『상윳따 니까야』는 붓다의 가르침 가운데 주제가 분명한 것을 주제별로 모아 결집한 경이다. 『상윳따 니까야』는 56개의 주제를 선정하여 '상윳따'라는 이름으로 부르고 있으며, 이러한 주제에 해당되는 경들을 각각의 상윳따에 담고 있다. 56개 경은 크게 교학과 수행 중심, 인물 중심, 특정한 존재 중심, 특정 부류의 인간 중심의 네 가지로 분류할 수 있다. 물론 이 가운데 교학과 수행이 『상윳따 니까야』의 핵심이다. 특정 인물을 주제로 삼는다 할지라도 상윳따 가운데 9개 상윳따는 모두 교학과 수행에 관한 것이다. 핵심 주제는 모두 온·처·계·근·제·연의 여섯 가지 교학적 가르침과 37보리분법으로 정리되는 수행에 대한 가르침으로 귀결된다고 볼 수 있다(각묵스님 역, 2009: 35-36).

『앙굿따라 니까야』(Aṅguttara Nikāya)는 4부 니까야 가운데 맨 마지막에 결집한 것이다. 『앙굿따라 니까야』는 니빠따(Nipāta, 모음)라 불리는 숫자별로 분류한 11개의 모음으로 구성되어 있다. 각 모음은 많은 경들을 포함하고 있으며, 니까야들 가운데 가장 많은 경들을 포함하고 있다. 모음별로 분류된 경들은 다시 50개씩의 경들로 묶어서 분류하고 있는데 이것을 '50개 경들의 묶음(Paṇṇaasaka)'이라 부르고 있다. 한 묶음에 포함된 50개의 경들은 다시 5개의 '품(Vagga)'으로 분류가 되는데 하나의 품은 기본적으로 10개씩의 경들을 포함하고 있다. 『앙굿따라 니까야』는 "이와 같이 나는 들었다(evaṁ me sutaṁ)"를 생략해서 편집하고 있고, 급고독원에서 설하신 경들도 설법처(設法處)가 생략 되어 있다. 즉 "이와 같이 나는 들었다. 한때 세존께서는 사왓티에서 제따 숲의 급고독원에 머무셨다"라는 기본 정형구를 생략하고 있으며 이와 다른 경들은 모두 설법처와 설법자와 청법자를 분명하게 밝히고 있다. 그러므로 이러한 정형구가 나타나지 않는 경들은 모두 사왓티의 급고독원에서 붓다가 설한 것이다(대림스님 역, 2013a: 21-27).

4부 니까야를 완성한 뒤에 그 외에 남은 붓다의 말씀이나 여러 스님들의 설법이나 일화나 게송 등은 『쿳다까 니까야』에 채워졌다. 합송한 『디가 니까야』는 아난다 존자에게 『맛지마 니까야』는 사리뿟따 존자에게 『상윳따 니까야』는 마하깟사빠 존자에게 『앙굿따라 니까야』는 아누룻다 존자에게 각각 부촉, 전승하도록 하였다고 테라와다 전통에서는 이야기 한다(대림스님 역, 2013a: 16). 정리를 하면 다음과 같다.

〈표 1〉 5부 니까야 정리

5부 니까야					
경전	디가 니까야	맛지마 니까야	상윳따 니까야	앙굿따라 니까야	쿠다까 니까야
길이	디가 → 길다	맛지마 → 중간	상윳따 → 주제	주제어 숫자 늘려가면서 정리	4부 니까야 완성 후의 나머지 경
경수	길게 설해진 34개 경	중간 길이 152개 경	주제별로 모은 56개 경	하나의 모음~ 열하나의 모음	4부 니까야 이외
대응 대승 경전	장부(長部) Digha-nikaya	중부(中部) Majjhima-nikaya	상응부(相應部) Samyutta-nikaya	증지부(增支部) Anguttara-nikaya	소부(小部) Khuddhaka-nikaya

제2절 『앙굿따라 니까야』의 구성[4)]

앙굿따라(aṅguttara)는 앙가(aṅga)와 웃따라(uttara)가 합성된 단어로 '구성요소(aṅga)가 하나씩 더 높아지는 것(uttara)'이라는 뜻이다. 『앙굿따라 니까야』는 주요 주제의 숫자가 하나씩 증가하면서 설해진 경들이(DA.i.15)이다. 『앙굿따라 니까야』에서는 같은 법수를 포함하고 있는 경들을 모은 것을 니빠따(Nipaata)라는 술어로 표현하고 있다. 니빠따는 ni(아래로)+√pat(to fall)에서 파생된 명사로 '아래로 떨어뜨린 것'이라는 일차적인 의미에서 유사한 것끼리 모은 것이라는 의미를 나타내고 있다. 하나와 관련된 가르침부터 열하나와 관련된 가르침까지 그 숫자가 뒤의 모음으로 갈수록 하나씩 증가하는 방법으로 모두 11개의 모음으로 분리하였다. 『앙굿따라 니까야』는 하나(A1)부터 열하나(A11)까지라는 11개의 모음(Nipāta)이 있음을 설명하고 있다(대림스님 역, 2013a: 15-19).

「하나의 모음」(Eka - Nipāta, A1)은 붓다의 말씀 가운데 하나의 주제를 담고 있는 경들을 모은 것이다. 「하나의 모음」에 포함된 575개의 경들은 단 하나의 주제를 설명 없이 나열하고 있는 경들이 대부분이기 때문에 그 길이가 극히 짧다. 경이지만 서언 부분을 뺀 본문은 대부분 한 개나 몇 개의 간단한 문장으로 구성되어 있는 지극히 짧은 가르침이 거의 전부이다. 이 경들을 모두 21개의 품

4) 『앙굿따라 니까야』의 구성은 초기불전연구원에서 발행한 각묵스님 역. 2006. 『디가 니까야 1』, 대림스님 역. 2012. 『맛지마 니까야 1』, 각묵스님 역. 2013. 『상윳따 니까야 1』, 대림스님 역. 2013. 『앙굿따라 니까야 1,2,3,4,5,6』의 서문을 요약하였다. 본 연구논문의 주 내용이 대림스님의 『앙굿따라 니까야』을 중심으로 해결중심 접근과 관련된 사례들을 발췌 및 분석하였기 때문에, 이와 관련한 이해를 돕기 위해 요약 정리한 것이다.

(Vagga)으로 나누어서 각 품마다 기본적으로 대략 10개씩의 경들을 배당하고 있다. 「하나의 모음」에서의 주된 내용은 수행과 관계된 중요한 가르침들을 총망라하고 있다.

「둘의 모음」(Dukka - Nipāta, A2)은 두 개의 주제, 283개의 경이 포함되어 있다. 「둘의 모음」부터는 경의 이름과 경의 번호를 표기하여도 될 만큼 분명한 주제를 담고 있다. 각 경들의 주제가 둘에 관한 것이기 때문에 「둘의 모음」에 실려 있는 대부분의 경들도 대부분 그 길이가 짧은 것들이다. 「둘의 모음」은 모두 3개의 '50개 경들의 묶음(Paṇṇaasaka)'으로 구성되어 있다.

「셋의 모음」(Tikka - Nipāta, A3)은 세 개의 주제를 담고 있는 경들을 모은 것이다. 「셋의 모음」은 독립된 경으로 간주할 수 있을 만큼 내용과 길이를 갖춘 경들이 대부분이다. 「셋의 모음」에는 모두 163개의 경들로 포함되어 있다. 「셋의 모음」에는 우리에게 잘 알려진 경들도 포함 되어 있고, 그 길이가 장부에 넣어도 될 만큼 긴경도 포함 되어 있다. 「셋의 모음」부터는 일반적인 경의 형식을 갖춘 경들이 주종을 이루고 있고, 다양한 주제들이 포함되어 있다. 신・구・의로 짓는 삼업, 삼독으로 잘 알려진 탐・진・치, 계・정・혜의 삼학이 들어있다. 그 외 사람들을 세 가지 부류로 나누어서 설명하는 경들이 다수 있다. 우선 「대품」의 경들을 주목해야 할 필요가 있을 것 같다. 「대품」이라는 명칭이 보여주듯이 「셋의 모음」 가운데서 가장 긴 경 들이 여기에 포함되어 있으며 긴만큼 심도 깊은 논의가 진행되기 때문이다. 그러나 셋에 관계된 중요한 가르침 무상・고・무아의 삼특상(三特相, ti-lakkhana)을 주제로 한 경들은 「셋의 모음」에서 찾아보기 힘들다. 『상윳따 니까야』에서 무더기・감각장소・요소[蘊・處・界]가 많이 나타나고 있기 때문에 「셋의 모음」에서는 무상・고・무아를 묶어내지 않은 것으로 보인다(대림스님 역, 2013a: 35-52).

「넷의 모음」(Catuka-Nipāta, A4)은 주제의 법수가 넷인 경들을 모은 것이다. 「넷의 모음」에는 모두 271개의 경들이 포함되어 있다. 이 경들을 모두 28개의 품(Vagga)으로 나누어서 제27품 까지는 각 품마다 10개의 경들을 배정하고, 맨 마지막 제28품에만 1개의 경을 배당하였다. 「넷의 모음」의 제일 큰 특징은 첫째, 사람을 네 가지로 분류한 경들이 아주 많다는 것이다. 전체적으로 61군데 이상이나 된다. 이러한 경들은 인간을 여러 관점에서 분류하고 있다. 둘째, 몸과 말과 마음으로 짓는 행위, 삿된 견해와 바른 견해, 은혜를 앎과 은혜를 모름 등의 조합으로 된 주제, 셋째는 탐욕·성냄·어리석음과 자만·열의·두려움·폭력 등의 조합으로 된 주제도 설하고 있다. 넷째는 도 닦음을 넷으로 분류하여 고찰해 보고 있으며, 다섯째는 계와 삼매와 통찰지와 해탈(계·정·혜·혜탈)의 네 가지 법의 무더기[四法蘊]를 설하고 있다. 여섯째는 재가자들의 삶에 있어서 중요한 덕목을 설하신 경들을 모은 것이다. 일곱째는 「넷의 모음」에서 넷의 주요한 법수인 사성제를 주제로 한 경들은 14개의 경 정도만 포함하고 있다. 사성제를 근본 주제로 한 경들은 나타나지 않는다. 「넷의 모음」에서 사성제는 넷이라는 숫자에 초점을 맞추어서 결집을 하지 않고 '진리'라는 주제에 초점을 맞추어서 결집을 하였기 때문이다. 사성제와 관련된 경들은 『상윳따 니까야』에 모아서 결집을 하였고 「넷의 모음」에서는 제외한 것이다(대림스님 역, 2013b: 13-36).

「다섯의 모음」(Pañcaka-Nipāta, A5)은 주제의 법수가 다섯인 경들을 모은 것이다. 「다섯의 모음」에는 모두 271개의 경들이 포함되어 있다. 이 경들을 모두 29개의 품(Vagga)으로 나누어져 있다. 「다섯의 모음」에서는 어떤 특정한 주제가 상대적으로 더 많이 나타나고 있지는 않다는 점이 특징이다. 먼저, 믿음·양심·

수치심・정진・통찰지의 다섯 가지 주제를 설하는 12개의 경들이 있다. 이들 가운데 다섯 군데에서는 이들이 다섯 가지 힘[五力, pañca bala]이라는 술어로 나타나고 있다. 일반적으로 경에서 다섯 가지 힘[五力]은 다섯 가지 기능[五根, pañca indriya]과 같은 내용인 믿음・정진・마음챙김・삼매・통찰지[信・精進・念・定・慧]의 다섯으로 나타나고 있다. 둘째, 15개 정도의 경에서는 계와 삼매와 통찰지와 해탈과 해탈지견(계・정・혜・해탈・해탈지견)의 다섯 가지가 나타나고 있다. 셋째, 10개의 경에는 열 가지 두타행이 나타나고 있다. 넷째, 다섯 가지 장애(五蓋)는 6개의 경들에서 언급되고 있다. 다섯 가지 장애를 극복하지 못하면 삼매에 들지 못하기 때문이다. 다섯째, 비구를 주제로 하고 있으며, 비구의 수행과 삶에 관한 경과 비구니에 관한 경 등이 있다. 「다섯의 모음」에는 출가자가 의지해서는 안 되는 것과 의지해야 하는 구체적인 삶의 모습을 다루고 있다는데 의미가 있다. 여섯째, 보시 등 재가자들의 덕목에 관한 경들이 모아져 있다. 재가자의 삶에 관한 가르침이 많이 나타나는데, 재가자들에게 특히 도움이 되는 가르침이라 여겨진다. 일곱째, 전륜성왕이나 관정(灌頂)한 왕에 관한 경들인데 왕이나 지도자가 가져야 할 덕목을 들고 있다. 여덟째, 오계(五戒)가 언급되고 있다. 「다섯의 모음」이 다섯 가지 법수에 관한 것이기 때문에, 「다섯의 모음」에서 계에 관한 항목은 오계로 많이 언급되고 있다(대림스님 역, 2013c: 23-32).

「여섯의 모음」(Chakka-Nipāta, A6)에는 붓다의 말씀 가운데 여섯 개의 주제를 담고 있는 경들을 모은 것이다. 「여섯의 모음」에는 모두 124개의 경들이 포함되어 있는데, 이 경들은 모두 13개의 품(Vagga)으로 나뉘어져 있다. 초기경전들 가운데 여섯 가지 계속해서 생각함[隨念, anussnti] 정도를 제외하면 특별히 여섯 가지로 정형화된 가르침은 없다고 할 수 있다. 그러므로 「여섯의 모음」에는 오근,

오력 등과 같은 다섯 가지의 법수에 다른 한 가지를 더하여 여섯이 된 경우가 적지 않게 나타나고 있다(대림스님 역, 2013d: 21-26).

「일곱의 모음」(Sattaka-Nipāta, A7)은 일곱 개의 주제를 담고 있는 경들을 모은 것이다. 모두 90개의 경들이 포함되어 있다. 일곱 개의 항목으로 구성된 중요한 가르침인 칠각지는 「일곱의 모음」 가운데 2개의 경 외에는 나타나지 않는다. 칠각지는 숫자가 아닌 주제에 초점을 맞추어 『상윳따 니까야』에서 180여 개의 경으로 정리되어 있다. 반면 37조도품은 마음챙김의 확립[四念處], 바른 노력[四正勤], 성취수단[四如意足], 기능[五根], 힘[力], 깨달음의 구성요소[七覺支], 여덟 가지 구성요소를 가진 성스러운 도[八支聖道]라는 일곱 개의 주제를 포함하고 있다(대림스님 역, 2013d: 34-38).

「여덟의 모음」(Aṭṭhaka-Nipāta, A8)에는 붓다의 말씀 가운데 여덟 개의 주제를 담고 있는 경들을 모은 것이며, 모두 95개의 경들이 포함되어 있다. 11개의 품(Vagga)으로 나누어져 있다. 여덟이라는 법수하면 가장 먼저 떠오르는 것이 팔정도일 것이다. 그러나 팔정도는 「빠하라다 경」(A8:19)과 「힘 경」2(A8:28)에서 37보리분법의 하나로 언급될 뿐, 「여덟의 모음」의 주제로는 단 한 번도 나타나지 않고 배제되었다. 팔정도는 8이라는 '숫자'에 초점을 맞추어서 결집을 하지 않고, 도(道)라는 주제에 초점을 맞추어서 『상윳따 니까야』에서 이미 결집을 했기 때문이다. 여덟 개의 주제를 가진 가르침은 팔관재계, 팔경법, 팔승처, 팔해탈, 팔회중 등을 들 수 있다. 제5품의 「간략하게 경」부터 「봇자 경」까지 5개의 경들은 여덟 가지 구성요소를 가진 포살[八關齋戒]과 관계된 것이다. 비구니계를 받기 위해서 받아들여야 하는 여덟 가지 무거운 팔경법(八敬法), 여덟 가지 지배의 경지로 옮겨지는 팔승처(八勝處), 여덟 가지 해탈로 옮겨지는 팔해탈(八解脫), 여덟 가지 경이롭고 놀랄만한 법에 대한 설명 등이 포함되고 있다(대림스님 역, 2013e: 19-23).

「아홉의 모음」(Navaka-Nipāta, A9)에도 모두 95개의 경들이 포함되어 있다. 이 경들을 모두 10개의 품(Vagga)으로 나누었다. 「아홉의 모음」의 특징은 첫째, 아홉의 주제 가운데 가장 중요하게 다루어져야 하는 구차제멸, 혹은 구차제증득에 관한 주제를 대략 30개의 경들이 이 주제를 담고 있다. 아홉 가지 차례로 소멸함[九次第滅]을 담고 있는 경, 아홉 가지 차례로 머묾[九次第住]을 담고 있는 경, 아홉 가지 차례로 머묾의 증득[九次第住等至]으로 나타나는 경 등을 들 수 있다. 초기경전에서 아홉이라는 숫자를 떠올리게 하는 것은 구차제멸(九次第滅), 혹은 구차제주(九次第住)라 해도 과언이 아니다. 이 구차제멸이나 구차제주는 주제별로 모은 『상윳따 니까야』에 하나의 주제로 포함되어 있지 않기 때문에 숫자별로 모은 『앙굿따라 니까야』 「아홉의 모음」에서 가장 많이 나타나는 주제가 된 것이다. 둘째, 초기경에서 아홉이라는 숫자를 통해서 떠오르는 가르침은 구차제멸의 증득 외에는 특별한 것이 없다. 30개의 경들은 각각 오계(五戒)를 범함과 다섯 가지 장애 등의 오개(五蓋)로 구성된 열 가지 부류의 해로운 법들을 해결하기 위해 네 개로 구성된 법인 사념처(四念處)와 사정근(四精勤)과 사여의족(四如意足)을 닦아야 한다는 통일된 방법으로 전개되는 경들이다. 셋째, 이 경들 이외에 아홉 가지의 법으로 구성된 경들 30개 정도를 싣고 있다. 이 경들은 비슷한 주제끼리 묶은 흔적은 있지만 통일성이 없는 다른 주제들을 담고 있다(대림스님 역, 2013e: 39-42).

「열의 모음」(Dasaka-Nipāta, A10)에는 붓다 말씀 가운데 열 개의 주제를 담고 있는 경들을 모은 것이다. 모두 219개의 경들이 포함되어 있다. 이 경들은 모두

23개의 품(Vagga)으로 나누어져 있으며, 이들 23개의 품은 다시 4개의 '50개 경들의 묶음'으로 분류되어 있다. 그래서 세 번째 묶음까지는 5개씩의 품을 배정하였고 네 번째 묶음에는 8개의 품을 배정하였다. 「열의 모음」에는 다양한 종류로 구성된 열 개의 가르침을 담고 있는 경들이다. 가장 큰 특징은 본 모음에 포함된 219개 경들 가운데 114개의 경이 열 가지 바름과 그릇됨, 그리고 십선업도(十善業道)와 십불선업도(十不善業道)에 관계된 내용을 담고 있다. 열가지 바름과 열가지 그릇됨에 관계된 경들은 모두 64개의 경들이다. 여기서 열 가지 바름이란 바른 견해, 바른 사유, 바른 말, 바른 행위, 바른 생계, 바른 정진, 바른 마음챙김, 바른 삼매, 바른 지혜, 바른 해탈을 말하며, 열 가지 그릇됨이란 이것에 반대되는 것으로 그릇된 견해, 그릇된 사유, 그릇된 말, 그릇된 행위, 그릇된 생계, 그릇된 정진, 그릇된 마음챙김, 그릇된 삼매, 그릇된 지혜, 그릇된 해탈을 말한다. 십선업도와 십불선업도에 관계된 내용은 49개 경들이고, 모두 생명을 죽이는 것을 삼가는 것, 주지 않은 것을 가지는 것을 삼가는 것, 삿된 음행을 삼가는 것, 거짓말을 삼가는 것, 중상모략을 삼가는 것, 욕설을 삼가는 것, 잡담을 삼가는 것, 탐욕 없음, 악의 없음, 바른 견해로 구성된 십선업도와 생명을 죽이는 것, 주지 않은 것을 가지는 것, 삿된 음행, 거짓말, 중상모략, 욕설, 잡담, 욕심, 악의, 그릇된 견해로 구성된 십불선업도를 포함하고 있는 경들로 구성되어 있다. 이처럼 「열의 모음」의 총 219개 경들 가운데서 열가지 바름과 그릇됨, 그리고 십선업도와 십불선업도에 관계된 114개의 경을 제외하면 105개 경들이 다른 주제를 담고 있다(대림스님 역, 2013f: 23-28).

「열하나의 모음」(Ekādasaka-Nipāta, A11)에는 열한 개의 주제를 담고 있는 경들을 모은 것이다. 모두 25개의 경들이 포함되어 있다. 본 모음에 포함된 경들도

한 경에서 다루어지고 있는 주제가 열한 개로써 전체적으로 경의 길이가 다른 모음의 경들보다 긴 경들이 대부분이다. 「열하나의 모음」에 포함 된 경들의 가장 큰 특징은 25개의 경들 가운데 15개의 경들이 여러 형태의 조합으로 구성되어 있다. 이 가운데 사대(지 · 수 · 화 · 풍)와 사처(공무변처부터 비상 비비상처까지)와 이 세상과 저 세상과 견문각지라는 열한 개의 구성요소로 이루어져 있으며, 오근 · 경(눈 · 형상부터 몸 · 감촉까지)과 사대와 삼처(공무변처부터 무소유처까지)로 구성되어 있으며, 삼학(계 · 정 · 혜)과 삼신통과 견해 · 지혜 · 해탈과 명 · 행의 조합으로 이루어져 있다. 그리고 오근(신 · 정진 · 염 · 정 · 혜)과 육수념(불 · 법 · 승 · 계 · 보시 · 천신)의 조합으로 이루어져 있으며, 신 · 계 · 정진 · 염 · 정 · 혜와 불 · 법 · 선우 · 보시 · 천신의 열한 개로 이루어져 있고, 사선(초선부터 제4선까지)과 사무량(자 · 비 · 희 · 사)과 삼처(공무변처부터 무소유처까지)인 열한 개로 이루어져 있다(대림스님 역, 2013f: 52-60).

이상이 『앙굿따라 니까야』 「하나의 모음」에서 「열하나의 모음」에 대한 대략적인 내용이다.

4부 니까야 중에 숫자별로 분류한 『앙굿따라 니까야』를 본 연구의 분석대상으로 삼았던 것은 해결중심 접근의 원리와 연결하여 분석할 수 있는 다양한 사례들을 많이 찾을 수 있었기 때문이다. 본 연구에서는 『앙굿따라 니까야』 가운데 총 19개의 경들에 해결중심 접근 사례를 적용하여 본 연구에 활용하고자 하였다. 다음은 『앙굿따라 니까야』의 경들 중 본 연구에서 해결중심 접근 사례로 분석한 경들이다.

〈표 2〉 본문 중에서 해결중심 접근 사례로 해석한 경

권	모음(Nipāta)	경수	해결중심 접근 사례로 해석한 경
1	하나의 모음(A1)	575	-
	둘의 모음(A2)	283	「힘 경」(A2:2:1)
			「깨달음의 구성요소 경」(A2:2:2)
			「선 경」(A2:2:3)
			「대중공사 경」(A2:2:5)
			「법답지 못한 행위 경」(A2:2:6)/ 「행하지 않음 경」(A2:2:7)
	셋의 모음(A3)	163	「외도의 주장경」(A3:61)
2	넷의 모음(A4)	271	「뽀딸리야경」(A4:100)
3	다섯의 모음(A5)	365	「꼬살라 경」(A5:49)
			「나라다 경」(A5:50)
			「나쁜 이야기 경」(A5:157)
			「원한을 제거하는 경」(A5:162)
4	여섯의 모음(A6)	156	「나꿀라 경」(A6:16)
			「천신 경」(A6:69)
	일곱의 모음(A7)	96	「시하 경」(A7:54)
5	여덟의 모음(A8)	96	「시하 경」(A8:12)
			「적당하지 않은 순간 경」(A8:29)
			「두려움 경」(A8:56
	아홉의 모음(A9)	95	「안거를 마침 경」(A9:11)
6	열의 모음(A10)	219	-
	열하나의 모음(A11)	25	「수부띠 경」(A11:15)

제 2 장

해결중심 접근의 이해

제1절 해결중심 접근의 발달과정

해결중심 접근은 한국에서 대학을 마친 후 1957년에 미국으로 건너가 사회복지사가 된 인수 김 버그(Insoo Kim Berg)와 남편인 스티브 드 쉐이저(Steve de Shazer)를 중심으로 모인 실천가들에 의해서 개발된 접근법이다. 그들은 치료에 효과가 있는 것이 무엇인지 발견하는 것을 가장 중요하게 여겼으며 1982년에 공식적으로 해결중심단기치료(Solution Focused Brief Therapy)라는 명칭을 사용하기 시작하였다(노혜련 · 김윤주, 2014).

초기 해결중심 실천가들은 어떤 특징 이론으로 시작하기보다는 내담자에게 좀 더 효과적인 것은 무엇인가에 관심을 두고 상담실에 일방경과 비디오카메라를 설치하여 그들에게 도움이 되는 실천방법을 알아내기 위해 노력하였다(노혜련 · 허남순, 2015).

따라서 해결중심 실천가들은 내담자가 자기 문제 해결을 위해 이미 하고 있는 것과 내담자가 원하는 변화가 무엇인지, 변화가 이루어지면 그들 삶이 어떻게 달라질지, 그리고 내담자는 그 변화를 이루는 데 무엇이 필요하다고 보는지에 점점 더 관심을 두었다. 문제와 실패했던 경험보다는 해결이 되었을 때의 모습을 알아 가는데 초점을 두자, 변화는 내담자의 문제나 그 원인을 몰라도 가능하다는 것을 깨달았고, 내담자를 자기 삶의 전문가로 보기 시작하였다(Cade, 2007; 노혜련 · 김윤주, 2014: 23 재인용).

해결중심 접근법은 문제에 초점을 맞추고 실천가가 주도해서 문제를 해결해 나가는 문제 중심, 전문가 중심의 패러다임에서 해결책에 초점을 맞추고 내담자가 이미 잘하고 있는 부분, 즉 강점과 자원을 활용해서 내담자 자신이 원하는 해결책을 이루어 나가도록 돕는 해결중심, 내담자 중심의 패러다임으로 전환하였다(노혜련 · 김윤주, 2014).

전 세계의 해결중심 접근 효과에 대한 연구결과를 질적 연구를 통해 분석한 Gingerich와 Peterson(2013)의 연구 결과에 따르면 해결중심 접근은 다양한 행동이나 정서 문제 해결에 긍정적인 영향을 미칠 뿐 아니라 그 효과가 다른 접근보다 단기에 나타나므로 비용 효과라는 측면에서도 유용한 접근방법임을 알 수 있다.

뿐만 아니라 가족치료로 시작한 해결중심 접근은 이제 개인이나 가족, 집단상담 뿐만 아니라 학교, 조직, 기업운영 등 인간관계가 이루어지는 다양한 영역에서 효과적으로 운영되고 있기 때문에 명칭도 해결중심단기치료보다는 해결중심 접근이라고 사용하는 것이 더 적절하다(노혜련 · 김윤주, 2014).

제2절 해결중심 접근의 기본 원리

1. 내담자는 자기 삶의 전문가이다

문제중심적 사회복지 실천에서는 내담자는 문제에 빠진 나약한 존재이므로 전문가가 가지고 있는 전문적인 지식과 기술을 활용하여 내담자의 문제를 사정하고, 목표를 설정하고, 서비스 계획을 세워 개입함으로써 내담자가 문제를 해결할 수 있게 된다고 믿는 경향이 있다(Blundo, 2006 참고).

그러나 해결중심 접근에서는 자신이 원하는 삶이 어떤 것인지, 그리고 그러한 삶을 살기 위해 필요한 것이 무엇인지, 그렇게 되기 위해서 할 수 있는 것과 할 수 없는 것이 무엇인지와 관련하여 자신의 삶에 대해 가장 잘 아는 사람은 내담자라고 생각하기 때문에 내담자야말로 자신이 원하는 변화를 만들어 낼 수 있는 사람이라고 여긴다. 따라서 해결중심 접근에서는 내담자가 자기 삶의 전문가라고 믿는 것이다.

2. 내담자가 원하는 것에 초점을 둔다

실천가의 개입이 효과가 있었다는 것은 어떻게 증명할 수 있을까? 그것은 내담자가 원하는 삶을 살게 되었을 때 비로소 알 수 있게 될 것이다. 따라서 개입은 내담자가 원하는 것에 초점을 둘 수밖에 없으며, 그렇게 하기 위해서 실천가는 내담자에게 그가 원하는 것이 무엇인지 질문하고 들어야만 한다.

그러나 전문가가 일하는 문화에서는 내담자의 말과 이야기를 불신하는 경향이 있다(Saleebey, 2006). 심지어 미국의 사회복지 실천에 관한 대표 저서에서도

"내담자의 말은 정보의 일차적인 원천이 되기는 하나 불완전한 기억과 왜곡된 지각, 편견, 제한된 자기 인식 때문에 잘못된 것일 가능성이 많다. 따라서 내담자의 의견과 설명, 보고를 현실에 관한 타당한 표현으로 수용하는 것을 피해야 한다."(Hepworth & Larsen, 1997)라고 기술하고 있다(노혜련 · 김윤주, 2014: 33). 그리고 이러한 주장은 내담자는 자신에게 도움이 되는 것을 결정할 수 있는 능력이 부족하기 때문에 전문가인 실천가가 그에게 필요하다고 판단한 것을 내담자가 하도록 하기 위해 노력해야 한다고 믿게 한다.

그러나 해결중심 접근에서는 내담자가 자신에게 도움이 되는 최선의 것을 결정할 수 있는 능력이 있는 존재라고 믿기 때문에 그가 원하는 것이 무엇인지에 초점을 두는 것이 가장 효과적이라고 믿는다. 왜냐하면 내담자들은 상담을 통해 자신이 원하는 것이 무엇인지 분명히 알게 되고, 실천가들이 자신의 의견과 결정을 믿고 존중해 줄 때 자신이 할 수 있는 해결책을 스스로 찾아내고 실천함으로써 역량이 강화되고 원하는 삶을 살아갈 수 있게 되기 때문이다(노혜련 · 유성은, 2007).

3. 내담자의 강점에 초점을 둔다

강점이란 일반적으로 강점하면 떠오르는 내담자가 가지고 있는 개인적 재능과 자질, 자원, 영성은 물론이고 학대와 질병, 심지어는 자기 약점에 대처하는 과정에서 생긴 능력 모두를 포함한다(Saleebey, 2006). 따라서 모든 내담자에게는 강점이 있으며, 해결중심 접근에서의 강점이란 내담자가 원하는 변화를 이루는 데 도움이 되고, 활용할 수 있는 모든 것을 의미한다.

내담자는 실천가가 자신의 강점을 찾아내 주고, 자신이 잘 하고 있는 것과 열심히 사는 모습을 지지하고 칭찬해 줄 때 자신도 미처 몰랐던 자신이 갖고 있던 강점과 힘을 알게 된다(노혜련 · 유성은, 2007). 그리고 내담자는 상담을 통해 발견된 자신의 강점과 힘을 바탕으로 원하는 변화를 이루어낼 수 있다. 해결중심 실천이란 결국 실천가가 내담자와의 협력을 통해 내담자가 원하는 변화가 무엇인지 구체적으로 그려보고, 그러한 변화를 이루어내는데 도움이 되는 것들이 무엇인지 탐색해 가는 과정이라고 할 수 있다. 내담자는 그러한 과정 속에서 자신이 가지고 있는 강점과 자원, 힘 등을 더 많이 발견하게 된다.

4. 변화는 늘 있는 것이다

내담자들은 대부분 자신의 삶이 언제나 문제로 가득 차 있고, 매일 매일이 똑같이 고통의 연속이라고 느끼기 때문에 자신의 인생에 어떤 변화도 일어나지 않을 것이라고 생각하며 사는 경우가 많다. 그러나 해결중심 접근에서는 변화는 모든 사람의 삶에서 늘 일어나는 것이며, 내담자 역시 그렇다고 가정한다(de Shazer, 1984).

그렇기 때문에 해결중심 실천가는 내담자가 가지고 있는 문제에 빠져들지 않고 그들의 삶 속에서 일어나는 긍정적이고 작은 변화에 관심을 둔다. 그리고 작은 변화가 시작되면 더 큰 변화로 이어질 수 있다고 믿는다.

따라서 실천가는 내담자에게 작은 변화가 일어난 때, 즉 예외가 일어난 때가 언제인지 물어보고, 어떻게 해야 그런 때가 더 자주, 더 크게 일어나는지에 초점을 맞추어 내담자가 원하는 변화를 이루게 도와야 한다(보건복지부, 솔루션센터. 2006).

5. 현재와 미래에 초점을 둔다

해결중심 접근에서는 내담자의 과거보다는 현재와 미래를 강조한다. 다시 말해 내담자가 과거에 어떤 문제를 경험했는지 보다는 현재와 미래에 어떻게 해 나가려고 하는지에 관심을 둔다. 그러나 내담자의 현재와 미래의 삶은 지금까지 살아온 과거가 있었기 때문에 존재할 수 있는 것이므로 내담자에게 과거 이야기를 하지 못하게 하거나, 과거에 관한 이야기를 중요하지 않은 일로 생각하는 것은 아니다(Berg & Miller, 1992).

해결중심 접근에서는 고통을 가져오는 과거의 문제에 초점을 두는 대신에 내담자가 그러한 어려움 속에서도 어떻게 견딜 수 있었는지에 대해 다룸으로써 그가 가지고 있는 강점과 힘을 발견해 내고 지지한다. 그리고 내담자로 하여금 자신이 가지고 있는 강점과 힘을 바탕으로 원하는 미래의 변화된 삶을 위해 지금 현재 무엇을 할 수 있을지, 그 해결책을 구축할 수 있도록 돕기 위해 노력한다.

제3절 해결중심 접근의 실천 원칙

1. 내담자가 문제 삼지 않으면 실천가가 먼저 건드리지 않는다

실천현장에서는 종종 전문가인 실천가가 내담자의 문제를 더 잘 알고 있고, 내담자는 문제를 인식하지 못하기 때문에 전문가가 이를 변화시켜야 한다고 본다. 예를 들어, 집 안에 쓰레기가 잔뜩 쌓여 있어서 악취가 심한 내담자 가정에 방문했을 때, 내담자가 그렇게 지내는 것이 아무 문제가 없다고 하면 실천가는 내담자가가 그 문제를 인식하게 하고, 실천가가 생각한 해결방법을 받아들이도록 설득하는 데 많은 시간을 소비한다(노혜련 · 김윤주, 2014).

그러나 해결중심 접근에서는 이 사례의 경우 실천가는 내담자가 그렇게 지내는 것이 어떻게 도움이 된다고 여기는지, 그러한 상황에서 그동안 어떻게 지내 왔는지에 관심을 두고 상담을 한다. 그러한 과정을 통해 실천가는 내담자가 가지고 온 문제가 아니라 내담자가 어떤 사람인지에 대해 관심을 갖게 된다. 즉 문제가 아닌 사람에 대해 관심을 갖고 상담을 진행할 때 실천가는 내담자와 그의 삶에 대해 더욱 더 잘 이해할 수 있게 되고, 좋은 신뢰관계를 구축할 수 있으며, 내담자가 원하는 삶을 살아갈 수 있도록 도울 수 있게 된다.

2. 하고 있는 것이 효과가 있으면 더 한다

실천가는 내담자가 원하는 변화를 만들어 나가는 과정에서 한 번이라도 효과가 있었던 일이 또 일어나게 하는 방법을 내담자와 함께 찾아야 한다(Berg & Dolan, 2001). 왜냐하면 사람들은 자신이 해 본 적이 없는 일을 새롭게 하는 것보다는 이미 해 본 적이 있는 것을 다시 하는 것이 훨씬 쉽기 때문이다.

따라서 실천가가 내담자가 원하는 변화를 만들어 내는 데 도움 되는 일이 일어났을 때 그것이 언제이고, 그 때 누가, 무엇을, 어떻게 했는지 자세히 물어보고, 내담자가 그에 대한 답을 통하여 자신이 한 성공 경험이나 예외상황을 알게 되면 내담자는 자신이 원하는 삶을 살기 위해 그 성공경험을 다시 활용하는 것이 쉬워질 것이다.

3. 하고 있는 것이 효과가 없다면 다르게 한다

사람들은 자신이 한 생각과 행동이 크게 효과가 없어도 막연히 문제 해결에 도움이 될 것이라고 믿고 습관적으로 같은 행동을 반복하는 경우가 많다. 뿐만 아니라 현실적으로 할 수 있는 것은 모두 해 보았지만 효과가 없어 지쳐도 사람들은 또 다시 효과 없는 방법을 계속 반복하면서 매번 실망한다(Berg & Dolan, 2001).

내담자가 효과 없는 일을 반복하면서 그것에 계속 집중하다 보면 다른 대안을 찾아볼 수 없게 되고 문제에 빠져 자신이 원하는 변화로부터 더욱 멀어지게 된다. 이럴 때 실천가는 내담자가 그러한 행동이 도움이 되지 않는다는 것을 스스로 알고, 지금까지와는 전혀 다른 새로운 시도를 할 수 있도록 도와야 한다.

제4절 해결중심 접근의 방법

1. 내담자가 원하는 변화를 구체화하기의 특성

해결중심 접근에서는 목표라는 용어보다는 내담자가 원하는 변화를 구체화하기라는 표현을 선호한다. 실천가는 상담을 통해 내담자가 원하는 변화가 무엇인지 알아보고 그러한 변화를 만들어 가기 위해 내담자와 협력한다. 따라서 실천가는 내담자가 자신의 일상 속에서 무엇이 달라지기를 원하는지를 먼저 정확히 알아야 한다. 그래야 원하는 변화를 이루어내기 위해 지금 이 순간 무엇을 어떻게 해야 하는지 그 해결책을 내담자와 함께 찾아갈 수 있게 된다. 뿐만 아니라 내담자가 원하는 변화가 무엇인지가 분명해야 언제 상담을 종결할지도 결정할 수 있으며, 실천가의 상담이 내담자가 원하는 변화를 이루어 가는 데 도움이 되었는지도 평가할 수 있다.

그러나 내담자는 주로 문제에 빠져 있기 때문에 문제는 잘 알지만, 무엇을 원하는지는 구체적으로 대답하기 어려워하거나 추상적으로 이야기한다. 이때 해결중심 실천가 역할은 내담자가 말한 추상적인 내용을 구체적이고도 상세한 그림으로 바꾸어 나가는 것이다. 내담자는 자신이 원하는 것을 이야기할 때 달라져야겠다는 동기가 커질 뿐 아니라 그것을 실천하는 데도 더 적극적인 모습을 보인다. 따라서 상담은 내담자가가 원하는 변화를 알아보는 데서 시작하는 것이 중요하며, 내담자에게 도움이 되는 목표, 즉 내담자가 원하는 변화를 구체화하기의 특성은 다음과 같다(De Jong & Berg, 2004; Berg & Dolan, 2001; 노혜련 · 김윤주, 2014: 44 재인용).

1) 내담자에게 중요한 것

내담자가 원하는 변화는 실천가가 중요하다고 여기는 것이 아니라 무엇보다도 내담자에게 중요한 것이어야 한다. 왜냐하면 사람들은 자기 자신에게 중요한 것일수록 더 열심히 생각하고, 에너지를 쏟으며, 그것을 이루어내기 위해서 노력하기 때문이다. 따라서 실천가가 내담자가 중요하게 생각하는 것이 무엇인지를 알고자 내담자의 이야기에 귀 기울일 때 내담자들은 실천가가 자신과 자신의 삶에 관심을 갖고 있다고 신뢰하게 된다. 그리고 그러한 신뢰를 바탕으로 실천가와 내담자는 협력적 관계를 맺을 수 있게 되며, 내담자는 실천가와 함께 자신이 원하는 변화를 만들어 내기 위해 스스로 노력하게 된다.

2) 상호 작용의 모습으로 나타나는 것

사람은 다른 사람과 상호 작용하면서 살아가고, 다른 사람이 어떻게 반응하는지 보면서 자신을 알아 간다. 따라서 목표, 즉 내담자가 원하는 변화의 그림은 내담자의 변화를 감지할 수 있는 사람과 상호 작용하는 모습으로 그리는 것이 도움이 된다(노혜련 · 김윤주, 2014).

실천가는 내담자가 원하는 변화가 이루어졌을 때 자신에게 중요한 사람이 어떤 반응을 했는지, 혹은 할 것 같은지를 다룸으로써 그러한 반응이 내담자 자신에게 어떤 영향을 미치고, 그래서 스스로가 이전과는 다른 어떤 행동을 하게 될지와 관련하여 내담자가 자세한 그림을 그릴 수 있도록 돕는 것이 중요하다.

3) 문제를 없애는 것 대신 원하는 행동으로 표현할 수 있는 것

내담자에게 무엇이 달라지기를 원하는지 물어보면 대부분 자기 생활에서 일어나지 않았으면 하는 것을 먼저 이야기하지만 정작 그것을 하지 않는 것은 쉽지 않다(노혜련 · 김윤주, 2014). 예를 들어, 사람들에게 분홍색 코끼리를 떠올리지 말라고 하면 그때부터 사람들의 머릿속은 온통 분홍색 코끼리로 가득 찬다. 분홍색 코끼리를 머릿속에서 없애는 것은 결코 쉬운 일이 아니다. 문제도 마찬가지여서 문제를 없애려고 하면 할수록 그 문제를 더 생각하게 되고 그 문제에 더 깊이 빠져들기 쉽다.

그러나 사람은 자신이 원하거나 한 번이라도 해 봤던 것을 다시 하기는 상대적으로 쉽다. 문제를 없애는 대신 무엇을 하고 싶은지, 또는 이미 했던 것 중 도움이 되었던 것이 무엇인지 알아내서 그것을 하면 성공할 가능성이 높아질 수 있다. 따라서 목표는 문제를 없애는 것 대신 할 수 있는 것, 즉 내담자가 원하는 변화 모습으로 표현하는 것이 유용하다(노혜련 · 허남순, 2015).

4) 마지막 결과가 아니라 시작

내담자가 원하는 변화를 이루기 위해서는 마지막 결과가 아니라 첫 시작으로서 자신이 할 수 있는 일이 무엇인지 알고 그것을 해나가는 것이 중요하다(Berg & Miller, 1992). 내담자가 '행복한 가족생활'을 원한다고 할 때, 내담자는 자기 생활이 달라져야 한다는 것을 알고는 있지만 그렇게 되기 위한 첫 시작으로 무엇을 다르게 해야 하는지는 구체적으로 생각하지 않을 수 있다. 따라서 실천가는 내담자에게 자신이 달라지기 시작했다는 것을 무엇을 보고 알 수 있는지 물어야 한다(노혜련 · 김윤주, 2014).

그 과정 속에서 내담자는 완성된 마지막 결과가 아니라 지금 현재, 일상생활에서 자신이 무엇을 다르게 시작해야 하는지에 대해 알게 되고, 구체적인 행동으로 옮기게 된다.

5) 작고 구체적이며 행동으로 옮길 수 있고, 보고 알 수 있는 것

목표를 구체적이고, 행동으로 옮길 수 있고, 보고 알 수 있는 것으로 발전시키게 도와주면, 실천가는 물론 내담자도 자신이 만족스러운 해결방법을 향해 나아가고 있는지 확인할 수 있다. 그리고 내담자가 자신이 나아지고 있다는 것을 알았을 때, 이러한 성공경험은 내담자로 하여금 계속해서 더 노력하게 만드는 원동력이 된다(노혜련 · 허남순, 2015).

따라서 실천가가 일상생활에서 내담자가 자신이 원하는 변화를 위해 스스로가 할 수 있는 아주 작고 구체적인 목표를 세울 수 있도록 돕는 것이 중요하다. 이루어내야만 하는 당위성에 의한 큰 목표는 내담자로 하여금 스스로 해보겠다는 의지를 꺾기 쉬우며, 내담자가 실제로 행동으로 옮길 가능성도 떨어진다. 그러나 내담자 스스로가 선택한 것이고, 행동으로 옮길 수 있는 작고 구체적인 목표는 성취될 가능성이 크고, 그렇게 자신의 노력으로 이루어낸 변화는 일상생활 속에서 알기가 쉽다. 그렇게 눈에 보이는 성공 경험은 내담자로 하여금 더 나은 삶을 위해 지속적으로 노력하게 만드는 요인이 된다.

6) 현실에서 할 수 있는 것

좋은 목표라면 현실에서 할 수 있는 것이어야 한다. 현실에서 할 수 있다는 것은 내담자의 능력과 자신의 상황에서 가능해야 한다는 의미로 실천가는 내담자의 능력과 상황을 내담자 자신보다 잘 알 수는 없으므로, 내담자가 원하는 변화가 실제로 일어날 수 있는 일인지 아닌지 알려면 내담자에게 물어보아야 한다(노혜련 · 허남순, 2015).

실천가는 내담자가 원하고 할 수 있는 것을 이야기하면, 그러한 일이 실제로 일어날 수 있는지(또는 할 수 있는지) 물으면서 현실에서 할 수 있는 것을 내담자 스스로 선택하고 결정하게 도와야 한다(노혜련 · 김윤주, 2014).

7) 변화과정에서 내담자가 할 수 있는 것

해결중심 상담은 내담자가 달라지기를 원해서 시작하기보다는 기관이나 주위에서 문제라고 생각하거나, 지금껏 무엇을 해도 나아지지 않았기 때문에 달라질 가능성이 없다고 생각하는 상황에서 시작하는 경우가 많다. 그래서 내담자 대부분은 자신이 할 수 있는 일은 없고, 실천가를 만나도 나아질 것이 없다고 생각한다. 이럴 때 내담자에게 문제가 해결되면 무엇이 달라질 것인지를 물으면 대다수는 누군가 다른 사람이 변화해야 한다고 이야기한다(노혜련 · 김윤주, 2014).

그러나 변화가 일어나려면 변화가 필요하다고 보는 사람부터 달라지는 것이 효과적이다. 따라서 실천가는 다른 사람이 달라져야 한다고 여기는 내담자라고 할지라도 그의 지각을 따라가면서 내담자에게 중요한 사람이 달라지면 내담자 자신은 또 무엇을 다르게 할 것인지에 대해 구체적으로 이야기하도록 도와야한다(노혜련 · 허남순, 2015).

8) 변화는 쉽지 않은 일이라고 강조하는 것

해결중심 상담 과정에서 내담자는 자신이 변화를 시도할 때 잘되지 않거나, 다르게 해야 할 때가 생기는데 이때 실천가가 내담자에게 변화는 쉽지 않은 일이라고 강조해주면 내담자의 자존심을 보호할 수 있다. 실제로 내담자가 원하는 변화는 스스로 변화해야 가능한 일인데, 사람이 변화한다는 것은 매우 어려운 일이라고 말해 줌으로써 더디게 변화하는 것을 일반화할 수도 있고, 더 나아가 비록 내담자가 거의 변화하지 못했거나 조금만 변화했더라도 실패했다고 여기지 않고 계속해서 열심히 노력하도록 지지하는 효과를 거둘 수 있다(노혜련·김윤주, 2014).

이렇게 내담자에게 변화는 쉽지 않은 일이고 많은 노력을 통해 이루어질 수 있다고 이야기하는 것은 내담자 자신이 직접 노력해야만 변화할 수 있다고 알리는 것이며, 동시에 내담자 스스로 변화와 해결에 대한 책임감을 갖게 만든다(노혜련·허남순, 2015).

2. 내담자와 일하는 데 도움이 되는 방법 : 유용한 질문[1] 등

1) 예외질문

예외는 내담자가 생활에서 문제가 일어날 것이라고 예상했지만 일어나지 않았던 상황을 말한다(de Shazer, 1984). 사람은 성공을 경험하고 자기 강점을 인식하면 그것을 생활에 도움이 되는 방법으로 활용할 수 있다. 성공 경험과 강점을 활용하면 예외가 일어날 가능성이 높아지고, 그만큼 문제 해결을 위한 자원이 많아진다. 그러므로 실천가는 내담자가 예외를 발견하고 활용하게 도와야 한다(노혜련·김윤주, 2014).

예외를 알아보려면 먼저 내담자가 원하는 변화가 무엇인지 물어보는 것이 우선이다. 그리고 난 후 예외, 즉 원하는 변화가 조금이라도 일어난 때가 있었는

1) 유용한 질문의 예는 노혜련·김윤주. 2014.『강점관점 해결중심 사례관리』에서 모두 인용하였다.

지를 알아본다. 그리고 예외가 일어났을 때는 그렇지 않았을 때와 무엇이 다른지를 질문함으로써 내담자는 자신의 삶 속에서 예외가 있었던 것을 발견하게 되고, 자신도 변화할 수 있다는 동기를 갖게 된다.

실천가는 예외를 알아보는 질문을 통해 내담자가 일상생활과 다양한 환경체계와의 관계에서 긍정적인 것과 성공한 것에 관심을 두도록 격려하고, 강점과 자원을 발견하게 돕는데 그러한 과정은 내담자로 하여금 자신이 이미 많은 강점과 자원을 가지고 있다는 것을 깨닫게 하고 상담에 더욱 적극적으로 참여하게 만들며 미래에 대한 희망과 자신감을 가지게 한다(노혜련 · 김윤주, 2014).

예외질문의 예

- 살아오면서 '이래서 그래도 잘 살았구나.'라는 것은 무엇을 보면 알 수 있나요?
- 그런 일이 일어나지 않았을 때는 언제인가요? 그때는 어떻게 그럴 수 있었나요? 선생님이 어떻게 하셨기에 그런 일이 일어날 수 있었나요? 그렇게 해 보니까 지내실 때 뭐가 좀 달랐나요?
- 기적과 같은 때가 언제 있었나요? 혹시 아버님 친구 분이 여기 계셔서 제가 똑같은 질문을 하면 친구 분은 뭐라고 하실까요?
- 최근에 좀 괜찮았을 때는 언제였나요? 그때는 어땠나요? 그때는 무엇이 달랐나요?

2) 대처질문

대처질문은 어떤 환경이나 상황에 압도된 내담자에게 어려움과 위기에서도 어떻게 생활해 왔는지, 그러한 상황에서도 어떻게 희망을 버리지 않을 수 있었는지 등을 질문하여 내담자의 능력을 인정하고 강화함으로써 내담자 스스로 상황이 더 나빠지지 않도록 자신이 대처했던 방법과 강점, 능력을 발견할 수 있도록 돕는 질문이다(노혜련 · 김윤주, 2014).

대처질문의 예

- 그렇게 힘든데도 어떻게 견딜 수 있었나요?
- 어머니 이야기를 들으니 얼마나 힘드셨는지 알겠네요. 그래서 더 궁금한데요. 그런 상황에서도 지금까지 어떻게 견뎌 오셨나요? 어디서 그런 힘이 나오나요?

3) 기적질문

심각한 문제에 빠진 내담자에게 원하는 변화가 일어난 예외 상황에 대해 질문하면 찾아내지 못하는 경우가 많다. 이런 경우 문제가 모두 해결된 때를 상상하게 하는 것은 내담자가 문제로부터 벗어나게 하는데 도움이 된다. 기적질문은 예외를 발견하기 어려운 내담자에게 문제가 모두 해결된 기적 상황을 구체적으로 묘사하게 함으로써 문제가 해결됐을 때 자신의 생활이 어떻게 달라질지 상상하게 돕는 질문이다.

기적질문을 통해 내담자는 문제를 생각하는 대신 문제가 해결됐을 때를 생각하면서 자기가 원하는 것을 이전보다 구체적이고 명료하게 그려 볼 수 있게 된다. 그리고 실천가는 기적질문을 한 후 내담자가 구체적이고 실제로 해볼 만한 미래를 그릴 수 있도록 후속 질문을 해 나가야 한다(노혜련 · 김윤주, 2014).

기적질문의 예

- 자, 이제 이상한 질문을 하나 하겠습니다. (잠시 멈춤) 제가 사무실로 돌아가고 나면 어머니는 저녁 시간을 평소와 같이 보내시고 밤이 되면 주무시겠지요. (잠시 멈춤) 어머니가 주무시는 동안 '기적이 일어났어요! (잠시 멈춤) 그래서 힘들고 걱정하는 모든 것이 다 해결되었어요. (잠시 멈춤) 그런데 주무시고 계셔서 기적이 일어났다는 것을 모르시죠. (잠시 멈춤) 내일 아침에 일어나서 무엇을 보면 '와~ 밤새 기적이 일어났구나!'하고 알 수 있을까요?
- 그리고 또 무엇이 있을까요?
- 그러면 기적이 일어났으니까 어머니는 예전과 어떻게 다르게 하고 있을까요?
- 어머니가 그렇게 하시면 아이는 어떻게 다르게 하게 될까요?
- 다른 가족은 밤새 어머니에게 기적이 일어났다는 것을 무엇을 보고 알 수 있을까요?
- 기적과 같은 일이 가장 최근에 언제 있었나요?

4) 척도질문

척도질문은 숫자를 사용해서 내담자의 변화 의지와 자신감, 동기, 현재 정도(상태) 등 막연하고 추상적인 개념을 구체적으로 표현하는 것으로 내담자가 자신의 상황을 객관적으로 바라보게 하는 데 도움이 되며, 실천가는 척도질문을 통해 내담자의 변화 정도와 종결 시점 등을 알 수 있게 된다(노혜련 · 김윤주, 2014).

척도질문의 예

- 이번에는 숫자로 여쭤 보겠습니다. 아버님께서 이야기한 대로 다 되었을 때가 10, 전혀 그렇지 않을 때가 1입니다. 현재 어디쯤인가요?
- 5라는 건 무엇을 보고 알 수 있나요?
- 지금까지 어떻게 하셨기에 5까지 올 수 있었나요?
- 지금보다 올라가서 6이 됐어요. 그때는 지금과 어떻게 다르게 지내고 있을까요?
- 아이는 3이고 어머니는 5라고 하셨는데 무엇이 다른 건가요?
- 지금보다 1만큼 더 나아졌어요. 그럼 영희 씨를 가장 잘 아는 친구한테 물어보면 그때는 지금과 어떻게 다르게 지내고 있을 거라고 말할까요?

5) 관계성 질문

사람들은 누구나 자신에게 중요한 사람들과 상호작용을 한다. 관계성 질문은 내담자에게 중요한 사람(때로는 의미 있는 물건이나 동물 등 내담자에게 중요한 것은 무엇이든 사용할 수 있다)과의 관계를 활용하는 것이다. 즉 내담자에게 중요한 사람의 입장에서 내담자의 상황과 변화 의지, 나아진 모습 등을 무엇을 보고 알 수 있는지 질문함으로써 내담자가 미처 생각하지 못했던 새로운 가능성을 발견하게 돕는 것이다(노혜련 · 김윤주, 2014).

뿐만 아니라 내담자들은 관계성 질문에 답하면서 일상생활에서 자신이 주변 사람들과 어떻게 관계를 맺고 있고, 그러한 관계가 자신의 삶에 얼마나 중요한 영향을 미치고 있는지를 알 수 있게 된다. 관계성 질문은 예외질문이나 대처질문, 척도 질문 등 다른 질문들과 함께 활용할 수 있다.

관계성 질문의 예

- 친구 분은 철수 씨가 차분하게 이야기하는 걸 보면 다른 사람과 이야기 할 때 무엇이 달라졌다고 할까요?
- 딸이 전화했을 때 화를 내지 않고 이야기하면 두 분 사이는 지금과 어떻게 달라질까요?
- 딸에게 "어머니가 어떻게 그렇게 하셨나요?"라고 물어보면 딸은 뭐라고 이야기할까요?
- 돌아가신 할머니가 여기 계셔서 제가 할머니께 "손주가 지내는 게 지금 이야기 한 것보다 1만큼 더 나아지면 어떻게 다르게 지낼까요? 라고 묻는다면 할머니는 뭐라고 말씀하실까요?
- 여기 담임 선생님이 계신다고 상상해 보죠. 제가 선생님께 "민수가 학교에서 어떻게 하는 걸 보면 이제 여기 오지 않아도 된다고 하시겠어요?"라고 물어보면 선생님은 뭐라고 이야기 하실까요?
- 순희 씨가 키우는 강아지가 이야기를 할 수 있게 되었어요. 그래서 강아지한테 순희 씨가 뭐가 좀 다르냐고 물어보면 뭐라고 이야기할까요?

6) 칭찬

칭찬은 해결중심 접근에서 매우 유용하게 사용되는 방법으로 내담자가 원하는 변화를 이루는데 도움이 되는 강점과 능력을 칭찬할 때 특히 효과가 있다. 실천가가 내담자가 잘 하고 있는 것과 어려움 속에서도 잘 버텨 온 점에 대해 지지할 때 내담자들은 자신이 노력한 것을 알아주는 실천가에게 고마운 마음을 가지며, 자신이 원하는 변화를 이루기 위해 더 노력해야겠다는 의지를 갖는다.

그런데 사람들은 종종 칭찬을 그저 듣기 좋은 이야기를 하는 것으로 오해한다. 칭찬은 내담자와 원활한 관계를 유지하기 위해 내담자가 잘못한 것을 모르는 척 눈감아 주고 좋은 말을 하거나, 내담자에게 친절하려고 하는 것이 아니다. 칭찬은 내담자가 세상을 바라보는 그대로 믿어주고 인정하며 수용하는 것이다. 그러므로 모든 칭찬은 내담자가 실제로 한 말과 표현한 감정에 근거해야 한다. 또한 칭찬을 경시하거나 거부하는 내담자도 있으므로 실천가는 내담자가 반드시 칭찬을 받아들여야 한다는 생각에서 벗어나야 한다(노혜련 · 김윤주, 2014).

칭찬에는 직접 칭찬과 간접 칭찬, 자기 칭찬이 있다.

칭찬의 예

- **직접 칭찬**: 내담자에 대한 실천가의 긍정적인 평가와 반응이다.
  - 아버님은 가족을 정말 사랑하시네요.
  - 와~! 대단하네요.
- **간접 칭찬**: 질문을 통해 내담자의 긍정적인 측면을 알게 하는 것이다.
  - 어떻게 아이들이 자기 일을 알아서 할 수 있게 키우셨나요?
  - 만약 아이들이 여기에 있어서 아이들에게 "너희가 자기 일을 알아서 하도록 할머니가 어떻게 가르쳐 주셨니?" 라고 물으면 아이들은 뭐라고 이야기 할까요?
  - 선생님은 시간을 가지고 기다려 주는 게 아이들에게 중요하다는 것을 어떻게 아셨나요?
- **자기 칭찬**: 간접적으로 칭찬하는 질문에 내담자는 자기 칭찬으로 대답한다. 내담자가 자기 칭찬을 통해 자신을 긍정적으로 인식하게 되고, 실천가는 그것을 다시 직접 칭찬으로 더 강화해 나갈 수 있다.
- **실천가**: 선생님께서는 시간을 가지고 기다려 주는 게 아이들에게 중요하다는 것을 어떻게 아셨나요?
- **선생님**: 제가 그동안 아이들을 가르치면서 터득한 건데요, 아이들은 시간이 좀 필요하더라고요. 전 경험을 통해 알게 된 건 잘하는 편이예요.

7) 내담자의 언어 사용하기

사람은 누구나 자기 경험이나 생활습관, 전문성에 따라 익숙하게 사용하는 언어가 있다. 실천가도 역시 자신에게 익숙한 전문 용어를 사용하고는 하는데, 이는 내담자와 의사소통하는 데 방해가 될 수 있다. 실천가가 내담자가 사용하는 언어를 사용하면 내담자에게 자신의 이야기를 잘 경청하고 있다는 것을 보여주게 되어 협력관계를 좀 더 빠르게 이루게 된다(노혜련 · 김윤주, 2014).

8) '왜' 대신에 '어떻게'

상담에서 실천가가가 '왜~'로 시작하는 질문을 사용하면 내담자는 그것을 자기가 한 행동이 잘못되어 추궁하는 것으로 여겨 방어적 태도를 보이고는 한다. 따라서 실천가가 내담자와 협력관계를 빠르게 형성하고 유지하려면 '왜' 대신에 '어떻게~' 라고 묻는 것이 도움이 된다. 또한 내담자가 별로 바람직하지 않거나 도움이 되지 않는 일을 했을 때 '어떻게 해서' 라는 질문을 사용하면 내담자가 그 당시에 무슨 생각을 하고 그렇게 했는지 설명할 기회를 주는 효과가 있다(노혜련 · 김윤주, 2014).

'왜'를 사용한 예

내담자: 선생님, 요즘 살기가 너무 힘들어요.

실천가: 왜요? 무슨 일이 있으세요?

내담자: 아이 아빠가 맨날 저러고 있으니(잠시 멈춤) 사는 게 너무 힘이 드네요. 어떻게든 일을 해야 하는데(잠시 멈춤)

실천가: 아빠가 왜 일을 안 하시는 거 같으세요?

'어떻게'를 사용한 예

내담자: 선생님, 요즘 살기가 너무 힘들어요.

실천가: 그러시군요. 어머니가 지내시는 게 어떻게 좀 달라졌으면 하시나요?

내담자: 아이 아빠가 허구한 날 저러고 있으니 못 살겠어요.

실천가: 그러시겠네요. 그럼 어떻게 달라지면 사는 게 좀 나아졌다고 알 수 있을까요?

9) 단정적이지 않은 말투 사용하기

일반적으로 다른 사람과 대화할 때 자기 생각이나 입장을 잘 전달하려면 분명하고 똑똑하게 이야기하고, 단정적이며 확신에 찬 말투를 사용하는 것이 효과적이다. 그러나 실천가는 내담자와 협력할 때 자기 입장을 정확하게 밝히기보다 내담자의 이야기를 경청하고, 내담자와 협력하면서 변화를 만들어 가야 할 때가 더 많다. 따라서 해결중심 접근에서는 단정적이지 않은 말투를 자주 사용할 것을 권하는데 이렇게 할 때 내담자는 실천가가 자신을 평가하는 대신 자신의 준거 틀을 경청하고 있다고 여기게 되어 효과적인 상호작용이 이루어질 수 있다(노혜련 · 김윤주, 2014).

10) '예~ 그리고 또는 그러면~'으로 이어지는 대화로 진행하기

내담자와 상담할 때 '예~ 그런데' 라는 패턴이 나타나면 실천가와 내담자가 둘 다 자기 입장에서만 이야기하고 있다는 것을 나타내는 것이므로 실천가는 이것을 내담자의 준거 틀을 따라가지 않고 있다는 신호로 받아들여야 한다. 실천가는 상담에서 내담자가 하는 이야기를 이해하지 못했거나 자신의 생각과 다르다면 '예, 그러시군요. 그렇게 이야기하니까 제가 더 궁금하네요. 그러면~' 이라고 대화를 진행하면서 더 많은 호기심과 질문으로 내담자의 이야기를 들으려고 노력해야 한다(노혜련 · 김윤주, 2014).

'예~ 그런데~'를 사용한 예

내담자: 아이들은 말을 안 들으면 때려서 정신 차리게 해야 해요.
실천가: 예, 그런데 때리면 도움이 되나요?
내담자: 물론 도움이 되죠. 그래야 말을 듣죠.
실천가: 그러시군요. 그런데 아이입장에서도 도움이 될까요?

'예~ 그리고 또는 그러면~'을 사용한 예

내담자: 아이들은 말을 안 들으면 때려서 정신 차리게 해야 해요.
실천가: 예, 그러면 아이가 정신을 차리나요?
내담자: 잠깐은 정신을 차리는 것 같은데 금세 또 그래요.
실천가: 예, 그렇군요. 그렇게 이야기하니까 더 궁금한데요, 그러면 아이가 좀 더 오래 정신 차렸으면 하시나요?

11) '그럴 수밖에 없는 좋은 이유~' 또는 '그래야만 하는 좋은 이유~'라고 질문하기

내담자는 때때로 일반적으로 받아들이기 어려운 이야기를 할 때가 있다. 예를 들어 학대신고를 받고 만난 부모가 "아이들은 때려서 키워야 해요." 라고 한다든가 음주 문제가 있는 사람이 "술을 매일 마셔야 해요." 라고 하면, 실천가는 내담자에게 틀렸다고 훈계하거나 설득하며 장황하게 설명하고 싶은 충동을 느끼게 된다. 그러나 소위 '문제를 부인하는' 내담자에게는 "저는 잘 모르지만 어머니가 그렇게 이야기하시는 좋은 이유가 있을 것 같은데... 이야기해 주시겠어요?" 라고 정중하게 묻고 답을 기다리는 편이 훨씬 더 효과적이다. 이러한 질문은 내담자가 그렇게 행동하는 데는 분명 실천가가 미처 생각하지 못하는 이유가 있을 것이며 그것을 알고 싶다는 메시지를 내포하고 있다(노혜련 · 김윤주, 2014).

제3장

초기경전과 해결중심 접근의 사례

1. 힘 경 (A2:2:1)

인간 대부분은 자기실현을 지향하며, 자기실현을 할 수 있는 잠재력을 가지고 태어났으며, 누구나 그 자신의 전체를 실현할 수 있다. 다만 실존적 조건에 직면해서 자신의 삶을 어떻게 살아갈 것인가에 대한 깊이 있는 고민을 해야만, 인간은 실존적 공허에 시달리지 않고 자기실현의 길을 걸을 수 있게 된다. 실존적 조건에의 직면은 자기실현과정의 출발점이다. 자기를 실현한다는 것은 자신이 원하는 자기로 만들어 간다는 것을 의미한다(박은미, 2014).

Sheafor & Horesji(2007)는 내담자의 능력과 잠재력이야 말로 자신의 삶에 변화를 만들어 가는 가장 중요하고 도움이 되는 강점의 하나라고 한다. 내담자가 자신의 능력과 잠재력을 발견하고, 그의 강점을 잘 활용하여, 자신의 문제를 해결하고, 나아가 자신이 원하는 삶을 살아가도록 실천가가 내담자를 돕는 것은 해결중심 접근에서 매우 중요한 실천원리이다. 자신이 원하는 삶을 통하여 자기실현을 위해 노력하는 사람은 매 순간 자기결정을 통하여 삶의 방향을 선택하면서 성숙하여 간다. 해결중심 접근은 개인이 각자의 고유한 방식으로 성장해 나가는, 즉 자기실현을 이루어 가는 과정에서 자기결정을 인간의 기본 권리로서 존중할 뿐 아니라 내담자가 가진 잠재력을 강점으로서 매우 중요시 한다.

[힘 경]에서 붓다께서는 자신을 청정하게 만드는 힘으로 숙고의 힘을 들고 계시다. 여기 어떤 자는 나쁜 행위의 과보는 금생과 내생에 받는 것이 있다고 깊게 생각하고 판단하면서 나쁜 행위를 저지르지 않고 좋은 행위를 닦아 자신을 청정하게 만드는데 이것이 숙고의 힘이라고 하셨다.

> "비구들이여, 여기 어떤 자는 이렇게 숙고한다. 몸과 말과 마음으로 짓는 나쁜 행위와 악한 과보는 금생에 받는 것과 내생에 받는 것이 있다. 그는 이와 같이 숙고하면서 몸으로 나쁜 행위를 저지르지 않고 좋은 행위를 닦고, 말과 마음으로도 나쁜 행위를 저지르지 않고 좋은 행위를 닦아서 자신을 청정하게 만든다. 비구들이여, 이를 일러 숙고의 힘이라 한다."

이처럼 비구(여기 어떤 자)는 '숙고의 힘'을 통하여 몸과 말과 마음으로 짓는 나쁜 행위와 과보로 금생과 내생에 받는 것을 잘 알고 있으며, 자기의 탐진치를 깨달아 과거보다는 현재, 여기에서 나쁜 행위를 하지 않으며 좋은 행위를 하는 자기결정에 따른 선택을 하여 자신을 청정하게 만들어간다. 이러한 경전의 내용은 해결중심 접근에서 상담과정을 통하여 실천가가 내담자가 본래부터 가지고 있는 힘, 강점을 스스로 찾도록 도와주는 것과 유사하다. 내담자가 스스로 자신의 강점을 찾게 되면, 그 강점에 기반하여 스스로 자신이 추구하는 바 자신의 원하는 것이 무엇인지, 무엇을 하고 싶은지 알게 되고, 자기의 목표를 추구하게 된다. 이렇게 [힘 경]에서 비구가 숙고의 힘에 기반하여 자신을 청정하게 만들어 가는 과정은 내담자가 자기의 강점에 기반하여 자기의 문제를 해결하고, 성장 및 자기 실현을 하여 가는 과정에 대한 해결중심 접근의 철학적 기반이 될 수 있다.

힘 경 (A2:2:1)

"비구들이여, 여기 어떤 자는 이렇게 숙고한다. 몸과 말과 마음으로 짓는 나쁜 행위와 악한 과보는 금생에 받는 것과 내생에 받는 것이 있다. 그는 이와 같이 숙고하면서 몸으로 나쁜 행위를 저지르지 않고 좋은 행위를 닦고, 말과 마음으로도 나쁜 행위를 저지르지 않고 좋은 행위를 닦아서 자신을 청정하게 만든다. 비구들이여, 이를 일러 숙고의 힘이라 한다.

"비구들이여, 그러면 무엇이 수행의 힘인가?

여기서 수행의 힘이란 [일곱 단계의]의 유학들의 [지혜의 힘]을 말한다. 왜냐하면 비구들이여, 유학의 힘을 얻어 탐욕을 버리고 성냄을 버리고 어리석을 버리며, 탐욕과 성냄과 어리석을 버리고 나서는 불선법을 행하지 않고 악을 행하지 않기 때문이다. 비구들이여, 이를 일러 수행의 힘이라 한다. 비구들이여, 이것이 두 가지 함이다."

대림스님 역(2013), 『앙굿따라 니까야 1』 초기불전연구원. pp.195-196.

2. 깨달음의 구성요소 경 (A2:2:2)

Seligman(2006)은 모든 인간은 강점을 가지고 있으며 강점은 시간과 환경에 상관없이 인간이 지속적으로 가지고 있는 심리적 특성이라고 하였다. 인간은 자신의 강점을 발견할수록 더 많은 강점을 생각해 내고 자신에 대한 가치를 부여함으로써 더욱 자신의 발전을 위해 노력하게 된다. 해결중심 접근에서 개인의 강점을 발견하는 활동은 개인의 성장과 변화에 대한 믿음과 개인에 대한 존중 그리고 공감적 이해를 기본으로 하며, 개인의 문제해결 능력에 대한 믿음의 바탕이 되어 개인 스스로 문제 해결방법을 찾는데 도움이 된다(최세민, 2017: 171-172 참조).

[깨달음의 구성요소 경]에서 붓다께서는 비구들이 깨달음 닦게 하는 두 가지 힘으로 숙고의 힘과 수행의 힘을 들고 계시다. 숙고의 힘은 자신과 상황에 대한 이해라 할 수 있으며, 수행의 힘은 마음챙김의 구성요소[覺支]를 닦는 것을 통하여 깨달음에 이르는 조건이 증진하는 것을 말한다. 비구의 이러한 두 가지 힘은 해결중심 접근에서 내담자가 가진 강점에 해당한다. 비구는 자신이 가진 두 가지 강점인 숙고의 힘과 수행의 힘을 통하여 깨달음의 구성요소를 닦는다.

> "비구들이여, 두 가지 힘이 있다. 무엇이 둘인가?"
> 숙고의 힘과 수행의 힘이다.
> 비구들이여, 그러면 무엇이 숙고의 힘인가?
> 비구들이여, 여기 어떤 자는 이렇게 숙고한다. 몸과 말과 마음으로 짓는 나쁜 행위의 악한 과보는 금생에 받는 것과 내생에 받는 것이 있다. …… 〈위 1번 경과 같음〉 …… 비구들이여, 이를 일러 숙고의 힘이라 한다."
> "비구들이여, 그러면 무엇이 수행의 힘인가?"
> 비구들이여, 여기 비구는 마음챙김의 깨달음의 구성요소[覺支]를 닦는다. 그것은 떨쳐버림을 의지하고 [탐욕의] 빛바램을 의지하고 소멸을 의지하고 철저한 버림으로 기우는 것이다. 법을 간택하는 깨달음의 구성요소를 닦는다. …… 정진의 깨달음의 구성요소를 닦는다. …… 희열의 깨달음의 구성요소를 닦는다. …… 경안의 깨달음의 구성요소를 닦는다. …… 삼매의 깨달음의 구성요소를 닦는다. …… 평온의 깨달음의 구성요소를 닦는다. …… 비구들이여, 이를 일러 수행의 힘이라 한다. 이것이 두 가지 힘이다."

이렇게 비구는 숙고의 힘과 수행의 힘(마음챙김의 깨달음의 구성요소[覺支], 법을 간택하는 깨달음의 구성요소, 정진의 깨달음의 구성요소 …… 희열의 깨달음의 구성요소, …… 경안의 깨달음의 구성요소를 …… 삼매의 깨달음의 구성요소 …… 평온의 깨달음의 구성요소 ……) 닦는 것으로 자신을 청정하게 하여 간다.

이와 같은 경전의 내용은 해결중심 접근에서 실천가가 내담자가 가진 강점을 발견하도록 도와주면 내담자는 자기의 강점을 기반으로 자신이 하고자 하는, 자신이 원하는 삶을 살아가기 위해 지속적으로 더 나은 모습으로 발전하기 위해 노력한다는 관점과도 일치한다.

[깨달음의 구성요소 경]에서 붓다가 말씀하신 숙고는 자기 상황에 대한 이해를 말하며, 붓다께서는 내생과 금생에서 받는 것이 과거에서 오지만 앞으로 해야 할 상황에 대한 이해를 돕는 것에 초점을 두셨다. 또한 깨달음에 이르기 위하여, 마음 챙김의 깨달음의 구성요소를 닦는다면, 깨달음의 상황에 도달하여 가는 조건들이 증진되어 간다고 설하신다. 또한 깨달음을 향한 노력을 지속하여 가는 과정에서 끊임없이 자신의 상황을 인지하여 가는 7각지의 중요성을 설하신다.

해결중심 접근에서도 실천가는 내담자의 상황을 문제중심으로 보지 않고 현 상황에서 할 수 있는 것에 초점을 둔다. 해결중심 접근에서는 실천가와 내담자의 상담과정에서 내담자가 가진 강점을 발견하고. 내담자가 실천할 수 있는 과제를 내담자 스스로 선택한다. 그리고 과제를 실천했을 때 나타나는 기쁨과 만족감에 초점을 둔다. 과제를 실천한 후 느끼는 기쁨과 만족감을 자주 느끼게 되면 이 기쁨과 만족감은 내담자의 다른 변화를 위한 동력이 된다.

실천과제를 실천했을 때에 느끼는 기쁨과 만족감은 [깨달음의 구성요소 경]에 설하시는 희열에 해당한다고 볼 수 있다. 물론 경에서 설하시는 선정에서의 마음현상으로써 희열과는 질적인 차이가 있겠지만, 본질적인 기능, 혹은 특성으로 볼 때 같은 것으로 간주하여 논의하는 이익이 충분하다고 본다. 해결중심 접근에서 작은 과제를 실천하고 얻는 기쁨도 희열에 해당하며, 이 희열을 느낄 수 있도록 돕는 역할이 실천가의 역할이다. 이 희열을 자주 느끼다보면 지속적으로 다음 단계의 변화로 이어진다. [깨달음의 구성요소 경]에서도 희열은 깨달음의 근이 발달하는 중요한 요소이며, 이 희열이 동력이 되어 경안, 삼매, 평온 등의 깨달음의 요소로 연결된다.

이렇게 내담자의 강점을 강조하고, 지금 할 수 있는 실천방법을 강조하는 해결중심 접근의 실천원리는 불교의 포교 및 수행방법의 하나로 활용가능하다. 해결중심 접근에서 심한 곤경에 빠진 내담자가 작은 것을 실천하였을 때 오는 성공의 경험에서 오는 기쁨으로 지속적으로 과제를 실천하여 가는 것처럼, 불교에서 깨달음의 구성요소를 닦으려 할 때 실천가능한 방법의 하나로 해결중심 접근을 활용할 수 있다. 예컨대, 하루중에 자기마음에서 일어나는 것 보기 등 작은 과제를 수행하고, 그것이 성취되었을 때 그것에 대해 기뻐하는 마음, 만족하는 마음이 희열로, 희열을 계속 경험하고자 하는 동력이 되어 다른 깨달음의 구성요소로 연결될 것이다.

한편으로는 해결중심 접근의 측면에서는 해결중심 접근의 이론적 기반을 확대하는 철학적 근거로 [깨달음의 구성요소 경]을 활용할 수 있을 것이다.

깨달음의 구성요소 경 (A2:2:2)

1. "비구들이여, 두 가지 힘이 있다. 무엇이 둘인가?"

숙고의 힘과 수행의 힘이다.

비구들이여, 그러면 무엇이 숙고의 힘인가?

비구들이여, 여기 어떤 자는 이렇게 숙고한다. 몸과 말과 마음으로 짓는 나쁜 행위의 악한 과보는 금생에 받는 것과 내생에 받는 것이 있다. …… <위 1번 경과 같음> …… 비구들이여, 이를 일러 숙고의 힘이라 한다."

2. "비구들이여, 그러면 무엇이 수행의 힘인가?"

비구들이여, 여기 비구는 마음챙김의 깨달음의 구성요소[覺支]를 닦는다. 그것은 떨쳐버림을 의지하고 [탐욕의] 빛바램을 의지하고 소멸을 의지하고 철저한 버림으로 기우는 것이다. 법을 간택하는 깨달음의 구성요소를 닦는다. …… 정진의 깨달음의 구성요소를 닦는다. …… 희열의 깨달음의 구성요소를 닦는다. …… 경안의 깨달음의 구성요소를 닦는다. …… 삼매의 깨달음의 구성요소를 닦는다. …… 평온의 깨달음의 구성요소를 닦는다. …… 비구들이여, 이를 일러 수행의 힘이라 한다. 이것이 두 가지 힘이다."

대림스님 역(2013), 『앙굿따라 니까야 1』 초기불전연구원. pp.196-197.

3. 선 경 (A2:2:3)

Peter Raabe(2010)는 실천가는 내담자를 자기표현, 자기이해, 자기에 대한 탐구로 초대하는 사람이라고 하였다. 해결중심 상담을 통해 자기 자신에 대하여 더 잘 알게 된다는 것은 내담자가 자기 자신의 사고과정에 대하여 더 잘 깨닫게 됨을 의미한다. 그 결과, 내담자는 자신의 신념에서 나오는 사고와 행동을 보다 잘 통제할 수 있다. 또한 해결중심 접근에서는 변화란 늘 일어나고 있다고 전제하며, 이미 과거에서 일어난 문제가 해결된 상황(예외상황)을 발견하고 그러한 경험을 활용하여 작은 변화를 촉진하면서 문제 해결에 돕는데, 과거보다는 현재와 미래에 초점을 맞춘다(정문자 · 송성자 · 이영분 · 김유순 · 김은영, 2008).

인간은 인간다울 때 행복하고 나는 나다울 때 행복하다. 자신의 가능성을 실현할 때 인간 누구나 행복을 경험한다. 이렇게 진정한 행복은 인간다움 및 자기다움과 연관된다. 행복은 '인간으로서의 자신의 고유한 존재를 실현하는 상태이다(박찬국, 2012: 39).

인간은 누구나 자기실현을 할 수 있는 가능성을 태어날 때부터 가지고 있으며, 자기실현의 과정은 내가 나에 대해서 배워나가는 과정이다. 자기를 실현한다는 것은 자신의 고유한 내적 특질을 목적론적으로 실현해간다는 것을 의미하는 것이 아니라 자신이 원하는 자기로 만들어간다는 것을 의미한다. 야스퍼스는 자기실현이란 지속적인 자기초월을 통한 자기형성(Jaspers, K., 1994: 107)이라고 하였다. 인간은 현재의 자기 존재를 넘어서 스스로 결단하여 자기를 형성해 갈 수 있는 존재라는 것이다. 그 '새로운 나'에서 나 자신이 진정한 의미에서 평안과 행복을 느끼는가, 느끼지 않는가를 점검해가며 그리고 나에게 진정한 평안을 주지 않는 나의 모습을 탈각시켜가며 살아가는 것이 자기실현의 과정이다. 여기서 말하는 진정한 의미의 평안과 행복이란 계속 지속될 수 있는 평안과 행복, 나에게 편리를 제공하는 데에 그치지 않는 평안과 행복을 말한다(박은미, 2014: 70-73 참조).

[선 경]에서 붓다께서는 청청한 자신을 만들어가는 데 있어 비구가 가진 수행의 힘을 강조하신다. [선 경]에서 수행의 힘은 감각적 욕망을 완전히 떨쳐버리고, 초선, 제2선, 제3선, 제4선에 머무는 것을 말한다.

> "비구들이여, 그러면 무엇이 수행의 힘인가?"
> 비구들이여, 여기 비구는 감각적 욕망들을 완전히 떨쳐버리고 해로운 법[不善法]들을 떨쳐버린 뒤, 일으킨 생각[尋]과 지속적인 고찰[伺]이 있고, 떨쳐버렸음에서 생겼고, 희열[喜]과 행복[樂]이 있는 초선[初禪]에 들어 머문다.
> 일으킨 생각과 지속적인 고찰을 가라앉혔기 때문에 자기 내면의 것이고, 확신이 있으며, 마음의 단일한 상태이고, 일으킨 생각과 지속적인 고찰은 없고, 삼매에서 생긴 희열[喜]과 행복[樂]이 있는 제2선[二禪]에 들어 머문다.
> 희열이 빛바랬기 때문에 평온하게 머문다. 마음챙기고 알아차리며 몸으로 행복을 경험한다. 이[禪 때문에] '평온하고 마음챙기며 행복하게 머문다.' 성자들이 묘사하는 제3선[三禪]에 들어 머문다.
> 행복도 버리고 괴로움도 버리고, 아울러 그 이전에 이미 기쁨과 슬픔을 소멸하였으므로 괴롭지도 즐겁지도 않으며, 평온으로 인해 마음챙김이 청정한 제4선[四禪]에 들어 머문다.
> 비구들이여, 이를 일러 수행의 힘이라 한다. …… ."

이와 같이 [선 경]에서는 감각적 욕망을 완전히 떨쳐버리고 해로운 법을 떨쳐버린 뒤, 일으킨 생각과 지속적인 고찰이 있고, 떨쳐버렸음에 희열과 행복이 있는 초선에 머물며, 지속적으로 고찰을 가라앉혔기 때문에 제2선, 제3선을 넘어 지속적인 수행을 통하여 행복도 버리고 괴로움도 버리고 아울러 그 이전에 이미 기쁨과 슬픔이 소멸하였으므로 괴롭지도 않으며, 평온으로 인해 마음챙김의 청정한 제4선에 머문다고 하셨다.

[선 경]에서 비구가 수행의 힘을 통하여 점차적으로 고차원의 초선, 제2선, 제3선, 제4선에 머무는 것과 같이 해결중심 접근에서도 실천가가 지속적으로 내담자의 변화과정을 계속 주시하고 그의 발전된 모습을 찾아가도록 도와준다면 내담자 스스로도 자기의 발전적인 모습에 고무된다. 자신의 본연의 모습, 발전된 모습을 깨달으면 깨달을수록 자신이 어느 때 가장 행복한 지, 어떻게 살아가야 가장 행복한지를 알며, 스스로에게 가장 바람직한 상태에 이르기 위해 스스로 행동하게 된다. 스스로의 바람직한 행동에 따른 조금씩의 변화와 진전은 내담자의 일상적 삶에 커다란 변화를 가져올 수 있을 것이다.

선정 수행에서의 핵심은 고요하고 좋은 상태에 대한 체험, 즉 희열과 행복 등에 대한 체험과 그 체험에서 오는 한계를 알아차리고, 그 체험에서 얻어지는 좋은 것, 희열, 행복도 버려가면서 마음이 평온한 청정한 상태에 머무는 것이다.

해결중심 접근에서도 지속적으로 내담자가 가능한 것을 경험하게 하고, 성공의 경험은 자신이 원하는 모습을 찾아가는 과정으로 연결한다. 이러한 과정은 내담자에게 진정한 평온을 가져오지 않는 부정적인 모습을 버리고, 진정한 평온을 느낄 수 있는 자신이 원하는 모습을 찾아 가면서 평온에 머무는 자기실현의 과정에 해당된다.

선 경 (A2:2:3)

1. "비구들이여, 두 가지 힘이 있다. 무엇이 둘인가?"

숙고의 힘과 수행의 힘이다.

비구들이여, 그러면 무엇이 숙고의 힘인가?

비구들이여, 여기 어떤 자는 이렇게 숙고한다. 몸과 말과 마음으로 짓는 나쁜 행위의 악한 과보는 금생에 받는 것과 내생에 받는 것이 있다. …… <위 1번 경과 같음> …… 비구들이여, 이를 일러 숙고의 힘이라 한다."

2. "비구들이여, 그러면 무엇이 수행의 힘인가?"

비구들이여, 여기 비구는 감각적 욕망들을 완전히 떨쳐버리고 해로운 법[不善法]들을 떨쳐버린 뒤, 일으킨 생각[尋]과 지속적인 고찰[伺]이 있고, 떨쳐버렸음에서 생겼고, 희열[喜]과 행복[樂]이 있는 초선[初禪]에 들어 머문다.

일으킨 생각과 지속적인 고찰을 가라앉혔기 때문에 자기 내면의 것이고, 확신이 있으며, 마음의 단일한 상태이고, 일으킨 생각과 지속적인 고찰은 없고, 삼매에서 생긴 희열[喜]과 행복[樂]이 있는 제2선[二禪]에 들어 머문다.

희열이 빛바랬기 때문에 평온하게 머문다. 마음챙기고 알아차리며 몸으로 행복을 경험한다. 이 [禪 때문에] '평온하고 마음챙기며 행복하게 머문다.' 성자들이 묘사하는 제3선[三禪]에 들어 머문다.

행복도 버리고 괴로움도 버리고, 아울러 그 이전에 이미 기쁨과 슬픔을 소멸하였으므로 괴롭지도 즐겁지도 않으며, 평온으로 인해 마음챙김이 청정한 제4선[四禪]에 들어 머문다.

비구들이여, 이를 일러 수행의 힘이라 한다. 이것이 두 가지 힘이다."

대림스님 역(2013), 『앙굿따라 니까야 1』 초기불전연구원. pp.197-198.

4. 대중공사 경 (A2:2:5)

내담자의 말과 행동의 근원에는 감정과 정서가 있다(Ivey & Ivey 2007, 노혜련·허남순, 2015: 48 재인용). 인간에게는 감정이 매우 중요하므로 내담자의 문제를 해결을 위해서는 내담자가 느끼는 자기감정과 내담자가 바라보는 현실에 대한 이해가 필요하다. 사회구성주의에 따르면 인간은 타인과 상호작용하고 삶을 관찰하면서 새로운 의미를 구성하고 이를 발달시킨다. 이 의미가 개인이 느끼는 실체에 대한 지각과 사고를 형성한다(노명숙, 2013: 3727 참고). 이처럼 내담자가 지각하고 사고하고 느끼는 감정은 자신이 속한 사회적 맥락 속에서 관계하는 사람들 간의 의미에 대한 해석에 기인한다.

[대중공사 경]에서 붓다께서는 분쟁에서 생기는 감정과 관련하여, 계를 범한 비구와 훈계하는 비구가 자신을 반조하는 과정을 설명하시면서, 비구들이 자기 자신을 잘 반조한다면 분쟁을 오래 끌지 않고 편안히 지낼 것이라고 설하셨다.

> "비구들이여, 그럼 어떻게 계를 범한 비구가 자신을 잘 반조하는 가?"
> 비구들이여, 계를 범한 비구는 어떻게 자신을 잘 반조한다. '나에게 해로운 생각이 일어나서 어떤 점에 대해서 몸으로 잘못을 범하는 것을 보았다. 만일 내가 잘못을 범하지 않았다면 저 비구가 보지 않았을 것이다. 내가 잘못을 범했기 때문에 저 비구가 본 것이다. 내가 잘못을 범한 것을 보고 저 비구는 마음으로 언짢아했다. 저 비구는 마음이 언짢아서 나에게 언짢은 말을 하였다. 저 비구가 언짢은 말을 하자 나도 마음이 언짢아졌다. 그래서 언짢아하면서 나는 남들에게 그 사실을 드러내었다. 그러므로 마치 세금을 내어야 하는 사람이 죄를 범한 것처럼 내가 잘못을 범했다.'라고

비구들이여, 계를 범한 비구는 이와 같이 자신을 잘 반조한다."

"비구들이여, 그러면 훈계하는 비구는 어떻게 자신을 잘 반조하는가?
비구들이여, 여기 훈계하는 비구는 어떻게 자신을 잘 반조한다. '이 비구에게 해로운 생각이 일어나서 어떤 점에 대해서 몸으로 잘못을 범하는 것을 보았다. 그런데 내가 그것을 보았다. 만일 이 비구가 잘못을 범하지 않았다면 내가 보지 않았을 것이다. 이 비구가 잘못을 범했기 때문에 내가 본 것이다. 이 비구가 잘못을 범한 것을 보고 나는 마음으로 언짢아했다. 나는 마음이 언짢아서 이 비구에게 언짢은 말을 하였다. 나는 마음이 언짢아서 이 비구에게 언짢은 말을 하였다. 내가 언짢은 말을 하자 이 비구도 마음이 언짢아졌다. 그래서 언짢아하면서 이 비구는 남들에게 그 사실을 드러내었다. 그러므로 마치 세금을 내어야 하는 사람이 죄를 범한 것처럼 내가 잘못을 범했다.' 라고
비구들이여, 계를 범한 비구는 이와 같이 자신을 잘 반조한다.
비구들이여, 어떤 분쟁에서건 계를 범한 비구와 훈계하는 비구들 모두 자신을 잘 반조한다면, 그것을 오래 끌지 않고 험악하지 않고 투쟁적이지 않아서 비구들이 편안히 지낼 것이다."

인간은 수많은 관계 속에서 살아가며 그때그때 상황에 따라 영향을 받는다. 그때그때 상황의 맥락 속에 개개인의 감정은 상대의 행동에게 영향을 미치며, 순환적 인관관계를 형성한다. 내담자가 갖는 많은 문제들 또한 이러한 관계 속에서 형성된다.

해결중심 접근에서는 상담과정에서 내담자 스스로가 자신이 규정하고 있는 문제를 새롭게 재정의하여, 새로운 시각에서 상황과 문제를 인식하도록 실천가들은 원조한다. 대인관계에서 어려움을 느끼는 내담자일수록 자신의 관점을 다

시 한 번 새로운 방향에서 바라보며 상대방을 이해하는 것이 필요하다. 따라서 실천가는 내담자의 인식전환이 잘 이루어지도록 내담자의 말을 잘 경청하며, 내담자 스스로 자기의 문제를 잘 탐색하고 새로운 인식전환이 이루어지도록 돕는다.

[대중공사 경]에서 비구들이 분쟁 시 자신을 잘 반조하면 편안히 지낼 것이라고 설하고 계시는 붓다의 역할은 해결중심 접근에서 내담자들이 자신들이 규정하고 있는 문제에 대하여 새롭게, 긍정적으로 인식하고 자신의 문제를 스스로 해결할 수 있도록 돕는 실천가의 역할에 해당한다.

대중공사 경 (A2:2:5)

1. "비구들이여, 어떤 대중공사[諍事]에서건 계를 범[犯戒]비구와 훈계하는 비구 둘 모두 자신을 잘 반조하지 않는다면 그것은 오래 끌게 되고 험악하게 되고 투쟁적이 되어 비구들이 편안히 지낼 수 없을 것이다.

비구들이여, 어떤 분쟁에서건 계를 범한 비구와 훈계하는 비구 둘 모두 자신을 잘 반조한다면 그것은 오래 끌지 않고 험악하지 않고 투쟁적이지 않아서 비구들이 편안히 지낼 것이다."

2. "비구들이여, 그럼 어떻게 계를 범한 비구가 자신을 잘 반조하는가?"

비구들이여, 계를 범한 비구는 이렇게 자신을 잘 반조한다. '나에게 해로운 생각이 일어나서 어떤 점에 대해서 몸으로 잘못을 범하는 것을 보았다. 만일 내가 잘못을 범하지 않았다면 저 비구가 보지 않았을 것이다. 내가 잘못을 범했기 때문에 저 비구가 본 것이다. 내가 잘못을 범한 것을 보고 저 비구는 마음으로 언짢아했다. 저 비구는 마음이 언짢아서 나에게 언짢은 말을 하였다. 저 비구가 언짢은 말을 하자 나도 마음이 언짢아졌다. 그래서 언짢아하면서 나는 남들에게 그 사실을 드러내었다. 그러므로 마치 세금을 내어야 하는 사람이 죄를 범한 것처럼 내가 잘못을 범했다.'라고

비구들이여, 계를 범한 비구는 이와 같이 자신을 잘 반조한다."

3. "비구들이여, 그러면 훈계하는 비구는 어떻게 자신을 잘 반조하는가?

비구들이여, 여기 훈계하는 비구는 이렇게 자신을 잘 반조한다. '이 비구에게 해로운 생각이 일어나서 어떤 점에 대해서 몸으로 잘못을 범하는 것을 보았다. 그런데 내가 그것을 보았다. 만일 이 비구가 잘못을 범하지 않았다면 내가 보지 않았을 것이다. 이 비구가 잘못을 범했기 때문에 내가 본 것이다. 이 비구가 잘못을 범한 것을 보고 나는 마음으로 언짢아했다. 나는 마음이 언짢아서 이 비구에게 언짢은 말을 하였다. 나는 마음이 언짢아서 이 비구에게 언짢은 말을 하였다. 내가 언짢은 말을 하자 이 비구도 마음이 언짢아졌다. 그래서 언짢아하면서 이 비구는 남들에게 그 사실을 드러내었다. 그러므로 마치 세금을 내어야 하는 사람이 죄를 범한 것처럼 내가 잘못을 범했다.'라고

비구들이여, 계를 범한 비구는 이와 같이 자신을 잘 반조한다.

비구들이여, 어떤 분쟁에서건 계를 범한 비구와 훈계하는 비구들 모두 자신을 잘 반조한다면, 그것을 오래 끌지 않고 험악하지 않고 투쟁적이지 않아서 비구들이 편안히 지낼 것이다."

대림스님 역(2013), 『앙굿따라 니까야 1』 초기불전연구원. pp.199-201.

5. 법답지 못한 행위 경 (A2:2:6), 행하지 않음 경 (A2:2:7)

해결중심 접근에서 말하는 해결중심 사고(solution-focused thinking)란 개인이 원하고 바라는 목표를 찾고 그 목표를 달성할 수 있는 자원을 발견하여 다양한 해결책을 구축하는데 초점을 두는 생각의 방식을 말한다(Cavanagh & Grant, 2010; Grant, 2001). 해결중심 사고는 병리적인 것보다는 건강한 것에 초점을 두며, 문

제가 발생하게 된 과거에 초점을 두는 것이 아닌 문제가 해결 될 미래에 초점을 둔다. 또한 해결책의 구성과 문제로부터 분리된 달성하고자 하는 결과와 목표, 내담자의 자원 활용 및 활성화에 초점을 둔다(정문자 외, 2008; de Shazer, 1988; Furman & Ahola, 1992; O'Connell, 1998). 이러한 가정들은 상호 연관되며 개인의 사고를 도와 해결책을 구축하는 데 도움이 되고, 인간의 사고와 행동에 지침을 제공해 줄 수 있다(윤은주 · 어주경, 2015: 2 재인용).

[법답지 못한 행위 경]에서 어떤 바라문이 고따마 존자에게 중생이 지옥과 천상세계에 태어나는 원인과 조건에 대하여 여쭈었을 때, 그것은 법다운 곧은 행위와 나쁜 행위를 하지 않았기 때문이라고 설하셨다. 이에 고따마 존자의 설법을 들은 바라문은 고따마 존자로부터 앞으로 자신이 해야 할 방향에 대하여 깨달음을 얻었다며 고따마 존자께 귀의할 것을 이야기한다.

> "고따마 존자시여, 여기 어떤 중생들은 몸이 무너져 죽은 뒤 처참한 곳, 불행한 곳, 파멸처, 지옥에 태어납니다. 그것은 무슨 원인과 무슨 조건 때문입니까?"
> "바라문이여, 그것은 법답지 못한 행위인 비뚤어진 행위 때문이다."
> "고따마 존자시여, 여기 어떤 중생들은 몸이 무너져 죽은 뒤 좋은 곳[善處], 천상세계에 태어납니다. 그것은 무슨 원인과 무슨 조건 때문입니까?"
> "바라문이여, 그것은 법다운 행위인 곧 행위 때문이다."
> "바라문이여, 그러나 어떤 중생들은 몸으로 좋은 행위를 했고, 몸으로 나쁜 행위를 저지르지 않았다. 말로 좋은 행위를 했고 말로 나쁜 행위를 저지르지 않았으며, 마음으로 좋은 행위를 했고, 마음으로 나쁜 행위를 저지르지 않았다. 이와 같이 [좋은 행위를] 했고, 또한 [나쁜 행위]를 저지르지 않았기 때문에 어떤 중생들은 몸이 무너져 죽은 뒤 좋은 곳, 천상세계에 태어난다."

"경이롭습니다. 고따마 존자시여. 경이롭습니다. 고따마 존자시여, 마치 넘어진 자를 일으켜 세우시듯, 덮여있는 것을 걷어내 보이시듯, [방향을] 잃어버린 자에게 길을 가리켜주시듯, 눈 있는 자 형상을 보라고 어둠 속에서 등불을 비춰주시듯, 고따마존자께서는 여러 가지 방편으로 법을 설해주셨습니다. 저는 이제 고따마 존자께 귀의하옵고 법과 비구승가에 귀의합니다. 고따마 존자께서는 저를 재가신자로 받아주소서, 오늘부터 목숨이 붙어 있는 그날까지 귀의하옵니다."

이와 같이 [법답지 못한 행위 경]과 [행하지 않음 경]에서는 법답지 못한 비뚤어진 행위와 몸과 말과 마음으로 좋은 행위를 하고 나쁜 행위를 하지 않은 결과에 대한 설명을 통하여, 바라문 스스로가 지금 여기서 앞으로 해야 할 행위를 스스로 선택 할 수 있도록 설하고 계시다.

해결중심 접근에서 실천가는 내담자와의 대화 속에서 과거의 행위와 현재의 어려움에 초점을 두기보다는 지금 여기에서 할 수 있는 행동에 초점을 둔다. 따라서 문제의 원인과 문제의 발전과정에 관심을 두기보다는 해결방안 구축과정에 초점을 둔다. 즉 내담자의 마음상태를 문제중심에서 해결중심으로 전환하도록 하여 바뀐 현실을 꿈꾸고 희망을 갖게 하는 역할을 한다(엄명용 · 노충래 · 김용석, 2015). 실천가가 내담자에게 미래의 변화를 위한 구체적인 비전과 희망을 키울 수 있도록 원조하고, 이미 알고 있는 문제해결방안을 생각해 내도록 돕는 역할을 한다. 내담자는 이러한 과정 속에서 현재 자신의 삶 속에서 무엇을 바꾸어야 하는지, 변화를 위해서는 어떠한 노력을 하여야 하는지 깨닫게 되면, 자신이 찾아낸 해결방안을 따라 자신의 상황을 바꾸기 위한 노력을 하게 될 것이다.

[행하지 않음 경]의 붓다와 자눗소니 바라문과의 환담과정도 [법답지 못한 행위 경]의 사례와 동일하다.

법답지 못한 행위 경 (A2:2:6)

1. 그때 어떤 바라문이 세존께 다가갔다. 가서는 세존과 함께 환담을 나누었다. 유쾌하고 기억할 만한 이야기로 서로 담소를 한 뒤 한 곁에 앉았다. 한 곁에 앉아서 그 바라문은 세존께 이렇게 여쭈었다.

"고따마 존자시여, 여기 어떤 중생들은 몸이 무너져 죽은 뒤 처참한 곳, 불행한 곳, 파멸처, 지옥에 태어납니다. 그것은 무슨 원인과 무슨 조건 때문입니까?"

"바라문이여, 그것은 법답지 못한 행위인 비뚤어진 행위 때문이다."

"고따마 존자시여, 여기 어떤 중생들은 몸이 무너져 죽은 뒤 좋은 곳[善處], 천상세계에 태어납니다. 그것은 무슨 원인과 무슨 조건 때문입니까?"

"바라문이여, 그것은 법다운 행위인 곧 행위 때문이다."

2. "경이롭습니다. 고따마 존자시여, 경이롭습니다. 고따마 존자시여, 마치 넘어진 자를 일으켜 세우시듯, 덮여있는 것을 걷어내 보이시듯, [방향을] 잃어버린 자에게 길을 가리켜주시듯, 눈 있는 자 형상을 보라고 어둠 속에서 등불을 비춰주시듯, 고따마 존자께서는 여러 가지 방편으로 법을 설해주셨습니다. 저는 이제 고따마 존자께 귀의하옵고 법과 비구승가에 귀의합니다. 고따마 존자께서는 저를 재가신자로 받아주소서, 오늘부터 붙어 있는 그날까지 귀의하옵니다."

행하지 않음 경 (A2:2:7)

1. 그때 자눗소니 바라문은 세존께 다가갔다. 가서는 세존과 함께 환담을 나누었다. 유쾌하고 기억할 만한 이야기로 서로 담소를 한 뒤 한 곁에 앉았다. 한 곁에 앉은 바라문 자눗소니는

세존께 이렇게 말씀드렸다.

"고따마 존자시여, 여기 어떤 중생들은 몸이 무너져 죽은 뒤 처참한 곳, 불행한 곳, 파멸처, 지옥에 태어납니다. 그것은 무슨 원인과 무슨 조건 때문입니까?"

"바라문이여, 그것은 행한 것과 하지 않은 것 때문이다."

"고따마 존자시여, 여기 어떤 중생들은 몸이 무너져 죽은 뒤 좋은 곳[善處], 천상세계에 태어납니다. 그것은 무슨 원인과 무슨 조건 때문입니까?"

"바라문이여, 그것은 행한 것과 행하지 않은 것 때문이다."

"고따마 존자께서 뜻을 상세하게 설하지 않고 간략하게 설명한 그 뜻을 상세하게 알 수 있도록 법을 설해주시면 고맙겠습니다."

"바라문이여, 그렇다면 잘 듣고 마음에 잡도리하라, 이제 설하리라."

"그러겠습니다"라고 자눗소니 바라문은 세존께 대답했다. 세존께서는 이렇게 말씀하셨다.

2. "바라문이여, 그러나 어떤 중생들은 몸으로 좋은 행위를 했고, 몸으로 나쁜 행위를 저지르지 않았다. 말로 좋은 행위를 했고 말로 나쁜 행위를 저지르지 않았으며, 마음으로 좋은 행위를 했고, 마음으로 나쁜 행위를 저지르지 않았다. 이와 같이 [좋은 행위를] 했고, 또한 [나쁜 행위]를 저지르지 않았기 때문에 어떤 중생들은 몸이 무너져 죽은 뒤 좋은 곳, 천상세계에 태어난다".

"경이롭습니다. 고따마 존자시여. 경이롭습니다. 고따마 존자시여, 마치 넘어진 자를 일으켜 세우시듯, 덮여있는 것을 걷어내 보이시듯, [방향을] 잃어버린 자에게 길을 가리켜주시듯, 눈 있는 자 형상을 보라고 어둠 속에서 등불을 비춰주시듯, 고따마존자께서는 여러 가지 방편으로 법을 설해주셨습니다. 저는 이제 고따마 존자께 귀의하옵고 법과 비구승가에 귀의합니다. 고따마 존자께서는 저를 재가신자로 받아주소서, 오늘부터 목숨이 붙어 있는 그날까지 귀의하옵니다."

대림스님 역(2013), 『앙굿따라 니까야 1』 초기불전연구원. pp.201-204.

6. 외도의 주장 경 (A3:61)

해결중심 접근은 사회구성주의 영향을 많이 받았다. 사회구성주의에서는 현실은 사람들 사이에서 구성되는 것이며, 내담자가 자신의 언어로 재구성된 현실이 실재가 되는 것이다(노명숙, 2013: 3727 참고). 따라서 내담자 중심에서 현실을 바로 보고 새롭게 자신을 바꾸어 갈 새로운 시각과 행동유형을 만들어 가는 것이 중요하다. 자신과 세계에 대한 새로운 시각과 변화는 내담자의 변화를 이끈다.

[외도의 주장 경]에서는 붓다께서 현재 느끼는 모든 경험이 전생의 행위와 신의 창조이며, 모두 원인과 조건도 없다는 세 가지 외도의 주장에 대한 반박으로 현명한 사문・바라문에게 논박당할 수 없고, 비난받지 않고 책망 받지 않는 법을 설하고 계시다. 그것은 여섯 가지 요소[界], 여섯 가지 감각접촉의 장소, 열여덟 가지 마음의 지속적인 고찰, 네 가지 성스러운 진리이며, 여섯 가지 요소(땅의 요소, 물의 요소, 불의 요소, 바람의 요소, 허공의 요소, 알음알이의 요소)와 여섯 가지 감각 접촉의 장소(눈의 감각 접촉의 장소, 귀의 감각 접촉의 장소, 코의 감각 접촉의 장소, 혀의 감각 접촉의 장소, 몸의 감각 접촉의 장소, 마노의 감각 접촉의 장소), 열여덟 가지 마음의 지속적인 고찰과 네 가지 성스러운 진리(四聖諦, 苦聖諦, 集聖諦, 滅聖諦, 道聖諦) 등이 있다.

이와 같이 붓다께서는 지금 처한 현실을 명확히 볼 수 있도록, 여섯 가지 요소[界], 여섯 가지 감각접촉의 장소, 열여덟 가지 마음의 지속적인 고찰, 네 가지 성스러운 진리를 통하여, 과거와 지금의 문제에서 벗어날 수 있는 법을 설하고 계시다. 즉, 지금 여기에서 행할 수 있는 올바른 진리를 깨달을 수 있는 법을 제시하고, 비구들이 자신이 가야할 길을 선택할 수 있도록 깨달음을 전하신다. 또한 법을 설하시는 과정 속에서 해결중심 접근의 대화법을 사용하고 계시다. 해결중심 접근에서 실천가는 가능한 내담자가 말한 단어를 그대로 사용하여 내담자의 질문을 명확히 하고 동의와 협조를 증가시킨다.

> "비구들이여, 나는 이 가운데서 '사람이 즐거운 느낌이나 괴로운 느낌이나 괴롭지도 즐겁지도 않은 느낌을 경험하는 것은 모두 전생의 행위에 기인한 것이다'라는 주장과 이런 견해를 가진 사문·바라문들에게 다가가서 물었다.
> '그대 존자들이 '사람이 즐거운 느낌이나 괴로운 느낌이나 괴롭지도 즐겁지도 않은 느낌을 경험하는 것은 모두 전생의 행위에 기인한 것이다'라는 이런 주장과 이러한 견해를 가진 것이 사실인가?"

> 비구들이여. 내가 이와 같이 물었을 때 그들은 '그렇습니다.'라고 대답했다. 나는 그들에게 이렇게 말했다. '그렇다면 그대 존자들이 생명을 파괴하더라도 그것은 전생의 행위에 기인한 것일 테고, 주지 않은 것을 가지더라도 전생의 행위에 기인한 것일 테고, 삿된 음행을 하더라고 전생의 행위에 기인한 것일 테고, 거짓말을 하더라도 전생의 행위에 기인한 것일 테고, 헐뜯는 말을 하더라고 전생의 행위에 기인한 것일 테고, 욕설을 하더라고 전생의 행위에 기인한 것일 테고, 잡담을 하더라고 전생의 행위에 기인한 것일 테고, 탐욕스럽더라도 전생의 행위에 기인한 것일 테고, 마음이 악으로 가득하더라도 전생의 행위에 기인한 것일 테고, 삿된 견해를 가지더라도 전생의 행위에 기인한 것일 테다.'
> 비구들이여, '모든 것이 전생의 행위에 기인한다.'라고 진심으로 믿는 자들에게는 해야 할 것과 하지 말아야 할 것에 대해 [하려는] 열의와 노력과 [하지 않으려는] 열의와 노력이 없다. 해야 할 것과 하지 말아야 할 것에 대해 진실함과 확고함을 얻지 못하고 마음챙김을 놓아버리고 [여섯 가지 감각기능의 문을] 보호하지 않고

> 머물기 때문에 그들은 자기들 스스로 정당하게 사문이라고 주장하지 못한다.
> 비구들이여, 이것이 그런 주장과 그런 견해를 가진 사문·바라문들에 대한 나의 첫 번째 정당한 논박이다.
>
> "비구들이여 어떤 것이 괴로움의 소멸로 인도하는 도 닦음의 성스로운 진리[道聖諦]인가?
> 그것은 바로 여덟 가지 구성요소로 된 성스러운 도이니, 바른 견해, 바른 사유, 바른 말, 바른 행위, 바른 생계, 바른 정진, 바른 마음챙김, 바른 삼매이다. 비구들이여, 이를 일러 괴로움의 소멸로 인도하는 도 닦음의 성스러운 진리라고 한다.
> 비구들이여, '이러한 네 가지 성스러운 진리가 있다.'라고 내가 설한 법은 현명한 사문·바라문들에게 논박당할 수 없고 오염될 수 없고 비난받지 않고 책망 받지 않는다고 설한 것은 이것을 반연하여 설했다."

이와 같이 [외도의 주장 경]에서는 어떤 사문과 바라문이 주장하는 것들에 대하여 그들의 질문을 사용하여 그대로 질문하는 방식에 의하여 그들의 인식을 재확인하고, 그들의 인식을 새로운 관점에서 다시 생각하게 함으로써 현실에 대하여 바른 성찰을 할 수 있도록 법을 전하신다.

본 문에 인용한 것처럼 "사람이 즐거운 느낌이나 …… 모두 전생의 행위에 기인한 것이다"라는 어떤 사문과 바라문의 주장에 대하여 '그대 존자들이 '사람이 즐거운 느낌이나 …… 모두 전생의 행위에 기인한 것이다'라는 이런 주장과 이러한 견해를 가진 것이 사실인가?"라고 그들의 주장과 똑같은 질문을 함으로써 그들의 주장에 대해 확인하셨다. 그렇게 확인한 후 비구들이여, "'모든 것이 전생의 행위에 기인한다.' …… 그런 주장과 그런 견해를 가진 사문·바라문들에 대한 나의 첫 번째 정당한 논박이다"라며 인식에 대한 새로운 전환을 설하신다.

나아가 현명한 사문・바라문에게 논박당할 수 없고, 비난받지 않고 책망 받지 않은 법을 단계적으로 설하시는 것을 통하여 사문・바라문이 현실을 정확하게 보고 자신의 삶의 환경을 변화시킬 수 있는 길을 스스로 선택할 수 있도록 설하고 계시다. 특히 모든 것이 전생에 기인한다는 믿음보다는 지금 여기서 하고자 하는 열의와 노력, 하지 않으려는 열의와 노력, 해야 할 것과 하지 말아야 할 것의 진실함과 확고함을 강조하고 계시다.

[외도의 주장 경]에서 붓다께서는 여섯 가지 요소[界], 여섯 가지 감각접촉의 장소, 열여덟 가지 마음의 지속적인 고찰, 네 가지 성스러운 진리와 8정도(八正道)를 통하여 고를 소멸하고, 깨달음에 이를 수 있는 변화를 설하고 계시다. 해결중심 접근에서 중요시하는 관점의 하나도 변화는 항상 일어나며, 작은 변화는 큰 변화를 이끈다는 것이다. 또한 해결중심 치료자의 역할은 내담자의 삶에서 이미 일어나고 있는 긍정적인 변화를 발견하고 확장하는 것이다. 이는 새로운 희망을 만들어 내거나 그 이상의 변화를 위한 계기를 만들 수 있다(Sharry, 2007; Saleebey, 2006; 은성희・신동윤・최중진, 2015: 46-47 재인용). 따라서 [외도의 주장 경]에서 붓다께서 질문과 답을 통하여 외도들이 현실을 바라보는 인식의 변화와 그 변화 속에서 새롭게 정진할 수 있는 방법을 제시하고 있는 것처럼 해결중심 접근도 실천가들이 내담자와의 대화를 통하여 현실에 대한 인식의 변화와 내담자의 삶을 변화시킬 수 있는 바람직한 삶의 방법을 스스로 찾을 수 있도록 원조한다.

외도의 주장 경 (A3: 61)

1. "비구들이여, 세 가지 외도의 주장이 있다. 현자들이 그것에 대해 질문을 던지고 집요하게 이유를 묻고 반복해서 질문하면 그것은 [스승의 등의] 계보에는 이르겠지만 결국에는 [업]지음 없음에 도달하고 만다. 어떤 것이 셋인가?

비구들이여, 어떤 사문 · 바라문은 이런 주장과 이런 견해를 가지고 있다. '사람이 즐거운 느낌이나 괴로운 느낌이나 괴롭지도 즐겁지도 않은 느낌을 경험하는 것은 모두 전생의 행위에 기인한 것이다.'

비구들이여 어떤 사문 · 바라문은 이런 주장과 이러 견해를 가지고 있다. '사람이 즐거운 느낌이나 괴로운 느낌이나 괴롭지도 즐겁지도 않은 느낌을 경험하는 것은 모두 신이 창조했기 때문이다.

비구들이여, 어떤 사문 · 바라문은 이런 주장과 이러 견해를 가지고 있다. '사람이 즐거운 느낌이나 괴로운 느낌이나 괴롭지도 즐겁지도 않은 느낌을 경험하는 것은 모두 원인도 없고 조건도 없다.

2. "비구들이여, 나는 이 가운데서 '사람이 즐거운 느낌이나 괴로운 느낌이나 괴롭지도 즐겁지도 않은 느낌을 경험하는 것은 모두 전생의 행위에 기인한 것이다'라고 주장과 이런 견해를 가진 사문 · 바라문들에게 다가가서 물었다.

"그대 존자들이 '사람이 즐거운 느낌이나 괴로운 느낌이나 괴롭지도 즐겁지도 않은 느낌을 경험하는 것은 모두 전생의 행위에 기인한 것이다'라는 이런 주장과 이러한 견해를 가진 것이 사실인가?"

비구들이여. 내가 이와 같이 물었을 때 그들은 '그렇습니다'라고 대답했다.

나는 그들에게 이렇게 말했다. '그렇다면 그대 존자들이 생명을 파괴하더라도 그것은 전생의 행위에 기인한 것일 테고, 주지 않은 것을 가지더라도 전생의 행위에 기인한 것일 테고, 삿된 음행을 하더라고 전생의 행위에 기인한 것일 테고, 거짓말을 하더라도 전생의 행위에 기인한 것일 테고, 헐뜯는 말을 하더라고 전생의 행위에 기인한 것일 테고, 욕설을 하더라고 전생의 행위에 기인한 것일 테고, 잡담을 하더라고 전생의 행위에 기인한 것일 테고, 탐욕스럽더라도 전생의 행위에 기인한 것일 테고, 마음이 악의로 가득하더라도 전생의 행위에 기인한 것일 테고, 삿된 견해를 가지더라도 전생의 행위에 기인한 것일 테다.'

비구들이여, '모든 것이 전생의 행위에 기인한다.'라고 진심으로 믿는 자들에게는 해야 할 것과 하지 말아야 할 것에 대해 [하려는] 열의와 노력과 [하지 않으려는] 열의와 노력이 없다. 해야 할 것과 하지 말아야 할 것에 대해 진실함과 확고함을 얻지 못하고 마음 챙김을 놓아버리고 [여섯 가지 감각기능의 문을] 보호하지 않고 머물기 때문에 그들은 자기들 스스로 정당하게 사문이라고 주장하지 못한다.

비구들이여, 이것이 그런 주장과 그런 견해를 가진 사문・바라문들에 대한 나의 첫 번째 정당한 논박이다.

3. "비구들이여, 나는 이 가운데서 '사람이 즐거운 느낌이나 괴로운 느낌이나 괴롭지도 즐겁지도 않은 느낌을 경험하는 것은 모두 신이 창조했기 때문이다'라고 주장과 이런 견해를 가진 사문・바라문들에게 다가가서 물었다.

'그대 존자들이 '사람이 즐거운 느낌이나 괴로운 느낌이나 괴롭지도 즐겁지도 않은 느낌을 경험하는 것은 모두 신이 창조했기 때문이다'라는 이런 주장과 이러한 견해를 가진 것이 사실인가?'.

내가 이와 같이 물었을 때 그들은 '그렇습니다'라고 대답했다. 나는 그들에게 이렇게 말했다. '그렇다면 그대 존자들이 생명을 파괴하더라도 그것은 신이 창조했기 때문일 테고, 주지 않은 것을 가지더라도 신이 창조했기 때문일 테고, 삿된 음행을 하더라고 신이 창조했기 때문일 테고, 거짓말을 하더라도 신이 창조했기 때문일 테고, 헐뜯는 말을 하더라고 신이 창조했기 때문일 테고, 탐욕스럽더라도 신이 창조했기 때문일 테고, 마음이 악의로 가득하더라도 신이 창조했기 때문일 테고, 삿된 견해를 가지더라도 신이 창조했기 때문일 테다.'

비구들이여, '모든 것이 신이 창조했기 때문이다.'라고 진심으로 믿는 자들에게는 해야 할 것과 하지 말아야 할 것에 대해 [하려는] 열의와 노력과 [하지 않으려는] 열의와 노력이 없다. 해야 할 것과 하지 말아야 할 것에 대해 진실함과 확고함을 얻지 못하고 마음 챙김을 놓아버리고 [여섯 가지 감각기능의 문을] 보호하지 않고 머물기 때문에 그들은 자기들 스스로 정당하게 사문이라고 주장하지 못한다.

비구들이여, 이것이 그런 주장과 그런 견해를 가진 사문 · 바라문들에 대한 나의 두 번째 정당한 논박이다."

4. "비구들이여, 나는 이 가운데서 '사람이 즐거운 느낌이나 괴로운 느낌이나 괴롭지도 즐겁지도 않은 느낌을 경험하는 것은 모두 원인이 없고 조건도 없다.'라고 주장과 이런 견해를 가진 사문 · 바라문들에게 다가가서 물었다.

'그대 존자들이 '사람이 즐거운 느낌이나 괴로운 느낌이나 괴롭지도 즐겁지도 않은 느낌을 경험하는 것은 모두 원인이 없고 조건도 없다'라는 이런 주장과 이러한 견해를 가진 것이 사실인가?'.

내가 이와 같이 물었을 때 그들은 '그렇습니다'라고 대답했다. 나는 그들에게 이렇게 말했다. '그렇다면 그대 존자들이 생명을 파괴하더라도 그것은 원인이 없을 것이고 조건도 없을 것이고, 주지 않은 것을 가지더라도 그것은 원인이 없을 것이고 조건도 없을 것이고, 삿된 음행을 하더라고 그것은 원인이 없을 것이고 조건도 없을 것이고, 거짓말을 하더라도 그것은 원인이 없을 것이고 조건도 없을 것이고, 헐뜯는 말을 하더라고 그것은 원인이 없을 것이고 조건도 없을 것이고, 탐욕스럽더라도 그것은 원인이 없을 것이고 조건도 없을 것이고, 마음이 악의로 가득하더라도 그것은 원인이 없을 것이고 조건도 없을 것이고, 삿된 견해를 가지더라도 그것은 원인이 없을 것이고 조건도 없을 것이다.'

비구들이여, '어떤 것에도 원인도 없고 조건도 없다.'라고 진심으로 믿는 자들에게는 해야 할 것과 하지 말아야 할 것에 대해 [하려는] 열의와 노력과 [하지 않으려는] 열의와 노력이 없다. 해야 할 것과 하지 말아야 할 것에 대해 진실함과 확고함을 얻지 못하고 마음 챙김을 놓아버리고 [여섯 가지 감각기능의 문을] 보호하지 않고 머물기 때문에 그들은 자기들 스스로 정당하게 사문이라고 주장하지 못한다.

비구들이여, 이것이 그런 주장과 그런 견해를 가진 사문 · 바라문들에 대한 나의 세 번째 정당한 논박이다.

비구들이여, 이러한 세 가지 외도의 주장이 있다. 현자들이 그것에 대해 질문을 던지고 집요하게 이유를 묻고 반복해서 질문하면 그것은 [스승들의] 계보에는 이르겠지만 결국에는 [업]지음 없음에도 도달하고 만다."

5. "비구들이여, 내가 설한 법은 현명한 사문 · 바라문들에게 논박당할 수 없고 오염될 수 없고 비난받지 않고 책망 받지 않는다. 비구들이여, 그러면 현명한 사문 · 바라문들에게 논박당할 수 없고 오염될 수 없고 비난받지 않고 책망 받지 않는 내가 설한 법은 어떤 것인가?

비구들이여 '이러한 여섯 가지의 요소[界]가 있다.'라고 내가 설한 이 법은 현명한 사문과 바라문들에게 논박당 할 수 없고 오염될 수 없고 비난받지 않고 책망 받지 않는다. 비구들이여, '이러한 여섯 가지 감각접촉의 장소[觸處]가 있다.'라고 내가 설한 이 법은 현명한 사문과 바라문들에게 논박당 할 수 없고 오염될 수 없고 비난받지 않고 책망 받지 않는다. 비구들이여, '이러한 열여덟 가지 마음의 지속적인 고찰이 있다.'라고 내가 설한 이 법은 현명한 사문과 바라문들에게 논박당 할 수 없고 오염될 수 없고 비난받지 않고 책망 받지 않는다. 비구들이여, '이러한 네 가지 성스러운 진리[四聖諦]가 있다.'라고 내가 설한 이 법은 현명한 사문과 바라문들에게 논박당 할 수 없고 오염될 수 없고 비난받지 않고 책망 받지 않는다.

6 "비구들이여, '이러한 여섯 가지의 요소[界]가 있다.'라고 내가 설한 법은 현명한 사문 · 바라문들에게 논박당할 수 없고 오염될 수 없고 비난받지 않고 책망 받지 않는다고 설했다. 이것은 무엇을 반연하여 설했는가?

비구들이여, 이러한 여섯 가지의 요소가 있다. 땅의 요소[地界], 물의 요소, 불의 요소, 바람의 요소, 허공의 요소, 알음알이의 요소이다. 비구들이여, '이러한 여섯 가지의 요소가 있다.'라고 내가 설한 이 법은 현명한 사문과 바라문들에게 논박당 할 수 없고 오염될 수 없고 비난받지 않고 책망 받지 않는다고 설한 것은 이것을 반연하여 설했다."

7. "비구들이여, '이러한 여섯 가지의 감각접촉의 장소[觸處]가 있다.'라고 내가 설한 법은 현명한 사문 · 바라문들에게 논박당할 수 없고 오염될 수 없고 비난받지 않고 책망 받지 않는다고 설했다. 이것은 무엇을 반연하여 설했는가?

비구들이여, 이러한 여섯 가지 감각접촉의 장소가 있다. 눈의 감각 접촉의 장소, 귀의 감각

접촉의 장소, 코의 감각 접촉의 장소, 혀의 감각 접촉의 장소, 몸의 감각 접촉의 장소, 마노의 감각 접촉의 장소이다.

비구들이여, '이러한 여섯 가지 감각 접촉의 장소가 있다'라고 내가 설한 법은 현명한 사문·바라문들에게 논박당할 수 없고 오염될 수 없고 비난받지 않고 책망 받지 않는다고 설한 것은 이것을 반연하여 설했다

8. "비구들이여, '이러한 열여덟 가지 마음의 지속적인 고찰이 있다.'라고 내가 설한 법은 현명한 사문·바라문들에게 논박당할 수 없고 오염될 수 없고 비난받지 않고 책망 받지 않는다고 설했다. 이것은 무엇을 반연하여 설했는가?

눈으로 형상을 볼 때 정신적 즐거움의 기반이 되는 형상을 지속적으로 고찰하고, 정신적 괴로움의 기반이 되는 형상을 지속적으로 고찰하고 평온의 기반이 되는 형상을 지속적으로 고찰한다. 귀로 소리를 들을 때 …… 코로 냄새를 맡을 때 …… 혀로 맛을 볼 때 …… 몸으로 감촉을 촉감할 때 …… 마노로 법을 알 때 정신적 즐거움의 기반이 되는 법을 지속적으로 고찰하고 평온의 기반이 되는 법을 지속적으로 고찰한다.

비구들이여, '이러한 열여덟 가지 마음의 지속적인 고찰이 있다'라고 내가 설한 법은 현명한 사문·바라문들에게 논박당할 수 없고 오염될 수 없고 비난받지 않고 책망 받지 않는다고 설한 것은 이것을 반연하여 설했다."

9. "비구들이여, '이러한 네 가지 성스러운 진리[四聖諦] 가 있다.'라고 내가 설한 법은 현명한 사문·바라문들에게 논박당할 수 없고 오염될 수 없고 비난받지 않고 책망 받지 않는다고 설했다. 이것은 무엇을 반연하여 설했는가?

여섯 가지 요소에 의지하여 모태에 들어감이 있다. 듦이 있을 때 정신·물질이 있다. 정신·물질을 조건하여 여섯 가지 감각장소가 있다. 여섯 가지 감각장소를 조건하여 감각접촉이 있고, 감각접촉을 조건하여 느낌이 있다. 비구들이여 나는 느낌을 느끼는 자에게 '이것은 괴로움이다'라고 천명하고, '이것은 괴로움의 일어남이다'라고 천명하고, '이것은 괴로움의 소멸이다'라고 천명하고, '이것은 괴로움의 소멸로 인도하는 도닦음이다"라고 천명한다.

10. “비구들이여, 어떤 것이 괴로움의 소멸의 성스러운 진리[苦聖諦]. 늙음도 괴로움이다, 병도 괴로움이다, 죽음도 괴로움이다. 근심 · 탄식 · 육체적 고통 · 정신적 고통 · 절망도 괴로움이다. 원하는 것을 얻지 못하는 것도 괴로움이다. 요컨대 [‘나’등으로] 취착하는 다섯 가지 무더기[五取蘊]들 자체가 괴로움이다. 비구들이여, 이를 일러 괴로움의 성스러운 진리라고 한다.”

11. “비구들이여 어떤 것이 괴로움의 일어남의 성스로운 진리[集聖諦]인가?”

무명을 조건으로 의도적 행위[行]들이, 의도적 조건으로 알음알이가, 알음알이를 조건으로 정신 · 물질이, 정신 · 물질을 조건으로 여섯 감각장소가, 여섯 감각장소를 조건으로 감각접촉이, 감각접촉을 조건으로 느낌이, 느낌을 조건으로 갈애가, 갈애를 조건으로 취착이, 취착을 조건으로 존재가, 존재를 조건으로 태어남이, 태어남을 조건으로 늙음 · 죽음과 근심 · 탄식 · 육체적 고통 · 정신적 고통 · 절망이 있다. 이와 같이 전체 괴로움의 무더기[苦蘊]가 발생한다. 비구들이여, 이를 일러 괴로움의 일어남의 성스러운 진리라고 한다.”

12. “비구들이여 어떤 것이 괴로움의 소멸의 성스로운 진리[滅聖諦]인가?

무명이 남김없이 빛바래어 소멸하기 때문에 의도적 행위들이 소멸하고 의도적 행위들이 소멸하기 때문에 알음알이가 소멸하고, 알음알이가 소멸하기 때문에 정신 · 물질이 소멸하고, 정신 · 물질이 소멸하기 때문에 여섯 감각장소가 소멸하고, 여섯 감각 장소가 소멸하기 때문에 여섯 감각장소가 소멸하고, 여섯 감각장소가 소멸하기 때문에 감각접촉이 소멸하고, 감각접촉이 소멸하기 때문에 느낌이 소멸하고, 느낌이 소멸하기 때문에 갈애가 소멸하고, 갈애가 소멸하기 때문에 취착이 소멸하고, 취착이 소멸하기 때문에 존재가 소멸하고, 존재가 소멸하기 때문에 태어남이 소멸하고, 태어남이 소멸하기 때문에 늙음 · 죽음과 근심 · 탄식 · 고통 · 절망이 소멸한다. 이와 같이 전체 괴로움의 무더기가 소멸한다. 비구들이여 이를 일러 괴로움의 소멸의 성스러운 진리라고 한다.”

13. "비구들이여 어떤 것이 괴로움의 소멸로 인도하는 도 닦음의 성스로운 진리[道聖諦]인가?

그것은 바로 여덟 가지 구성요소로 된 성스러운 도이니, 바른 견해, 바른 사유, 바른 말, 바른 행위, 바른 생계, 바른 정진, 바른 마음챙김, 바른 삼매이다. 비구들이여, 이를 일러 괴로움의 소멸로 인도하는 도닦음의 성스러운 진리라고 한다.

비구들이여, '이러한 네 가지 성스러운 진리가 있다.'라고 내가 설한 법은 현명한 사문 · 바라문들에게 논박당할 수 없고 오염될 수 없고 비난받지 않고 책망 받지 않는다고 설한 것은 이것을 반연하여 설했다."

대림스님 역(2013), 『앙굿따라 니까야 1』 초기불전연구원. pp.433-442.

7. 꼬살라 경 (A5:49)

해결중심 상담은 내담자에게 중요한 것을 찾고, 작고 구체적이며 행동적으로 표현하게 하고, 과정형으로 표현하게 하며, 없는 것보다는 있는 것에 초점을 두고, 지금 여기에서의 목표로 시작하고, 내담자가 성취 가능한 현실적인 것에 초점을 둔다(정혜정, 2012: 88 부분수정).

[꼬살라 경]에서도 말리까 왕비의 죽음으로 인해 빠세나디 꼬살라 왕이 몹시 슬프고 마음이 아파 어깨가 축 처지고 고개를 떨어뜨려 생각에 잠긴 채 아무런 대답을 못하는 가장 힘든 상황에서 세상에서 얻지 못하는 다섯 가지에 대해 이야기하고 슬픔과 근심에 빠져 있지 말고 '이제 이 굳센 업을 어떻게 할 것인가?' 라고 질문함으로써 빠세나디 꼬살라 왕의 생각을 전환 하도록 돕고 있다.

"근심하지 말고 슬퍼하지 마십시오.
그것은 이익이 별로 없습니다.
그가 근심하고 괴로워하는 것을 알고 적들은 기뻐합니다.
이유를 잘 판별하는 현자는 재난에 낙담하지 않고 그의 얼굴이 바뀌지 않고 전과 같이 [평온한] 것을 보고 적들은 괴로워합니다.
화려한 말과 만뜨라와 금언과 많은 보시와 전통을 통해서
어디서건 이익을 얻거든 거기서 그러한 노력을 해야 합니다.
그러나 그는 이러한 이익은 나도 남도 얻지 못한다는 것을 알아야 합니다. 근심하지 말고 '이제 이 굳센 업을 어떻게 할 것인가?'라고 견뎌내야 합니다."

해결중심 상담에서는 문제를 해결하려면 어떻게 좀 다르게 행동하면 도움이 되는지, 그렇게 했을 때는 어떤 유익한 변화를 기대할 수 있는지에 대해, 즉 '무언가 다른 것을 해 보는 것에 대해 질문' 하고 있다. 이러한 질문은 문제에 빠진 내담자에게 불편한 것일 수도 있지만 오히려 내담자에게 문제의 상황에서 빠져나올 수 있는 패러다임의 전환을 가져오게 하여 결국 자신에게 도움이 된다는 것을 알게 한다.

내담자들은 대개 자신에게 부정적인 영향을 끼치고 있는 문제에 초점을 맞춘 채 상담을 하러 오고 이러한 문제 중심의 상담은 문제에 초점을 맞춰서 그 원인에서 답을 찾으려고 하게 된다. 또는 실천가가 무엇이 달라지길 원하는지 질문해도 내담자는 자신이 원하는 것을 쉽게 이야기 하지 않는 경우가 있다. 이러한 경우에는 문제에 집착하기 보다는 문제의 상황에서도 어떻게 견뎌왔는지, 어떻게 대처해 왔는지 질문하여 그것을 통해 강점과 예외를 보게 함으로써 내담자의 고통과 슬픔을 긍정적으로 전환하여 고통스러워하는 내담자에게 근심하지

말고 어떻게 다르게 행동하면 도움이 되는지에 대해 스스로 해결책을 갖게 하는 패러다임의 전환을 갖도록 한다.

또한 해결중심 실천가는 내담자가 불평을 호소할 때 그것을 수용하고 인정한 다음에 해결중심 질문을 하기 보다는 곧 바로 해결중심 질문을 들어가는 경우에도 해결중심 접근이 효과적으로 나타난다. 이러한 접근법은 곧 내담자의 문제나 병리적인 것보다는 건강한 것에 초점을 둔다는 원리와 없는 것보다는 있는 것에 초점을 두고 빠르게 내담자의 패러다임을 전환하게 하여 내담자가 변화하는 데 도움을 준다.

이와 같이 [꼬살라 경]에서는 문제에 빠져 근심만 하지 말고 자신이 그동안 문제 삼아온 것, 습관적으로 부정적인 생각만 한 것, 나쁜 감정 등에 대해 작지만 어떻게 구체화 할 것인가에 대해 생각해 보도록 목표를 설정하여 내담자의 변화를 도모하고 있다.

꼬살라 경 (A5:49)

한때 세존께서는 사왓티에서 제따 숲의 급고독원에 머무셨다. 그때 빠세나디 꼬살라 왕이 세존께 다가갔다. 가서는 세존께 절을 올린 뒤 한 곁에 앉았다. 바로 그 무렵에 말리까 왕비가 임종을 하였다. 그래서 어떤 사람이 빠세나디 꼬살라 왕에게 다가가서 귀에 대고 "폐하, 말리까 왕비가 임종을 하였습니다."라고 아뢰었다. 이렇게 말하자 빠세나디 꼬살라 왕은 몹시 슬프고 마음이 아파 어깨가 축 처지고 고개를 떨어뜨려 생각에 잠긴 채 아무런 대답을 못하고 앉아 있었다. 그때 세존께서는 빠세다디 꼬살라 왕이 몹시 슬프고 마음이 아파 어깨가 축 처지고 고개를 떨어뜨려 생각에 잠기 채 아무런 대답을 못하는 것을 아시고 빠세다디 꼬살라 왕에게 이렇게 말씀하셨다.

"대왕이여, 이러한 다섯 가지 얻을 수 없는 것이 있으니, 그것은 사문이건 바라문이건 신이건 마라건 범천이건, 이 세상의 그 어느 누구도 얻을 수 없습니다. 무엇이 다섯인가요?

"늙지 말라고 하는 것은 얻을 수 없는 것입니다. 그것은 사문이건 바라문이건 신이건 마라건 범천이건, 이 세상의 그 어느 누구도 얻을 수 없습니다. 병들지 말라고 하는 것은 얻을 수 없는 것입니다. 그것은 사문이건 바라문이건 신이건 마라건 범천이건, 이 세상의 그 어느 누구도 얻을 수 없습니다. 죽지 말라고 하는 것은 얻을 수 없는 것입니다. 그것은 사문이건 바라문이건 신이건 마라건 범천이건, 이 세상의 그 어느 누구도 얻을 수 없습니다. 부서지지 말라고 하는 것은 얻을 수 없는 것입니다. 그것은 사문이건 바라문이건 신이건 마라건 범천이건, 이 세상의 그 어느 누구도 얻을 수 없습니다. 끝나지 말라고 하는 것은 얻을 수 없는 것입니다. 그것은 사문이건 바라문이건 신이건 마라건 범천이건, 이 세상의 그 어느 누구도 얻을 수 없습니다."

"근심하지 말고 슬퍼하지 마십시오.
그것은 이익이 별로 없습니다.
그가 근심하고 괴로워하는 것을 알고 적들은 기뻐합니다.
이유를 잘 판별하는 현자는 재난에 낙담하지 않고
그의 얼굴이 바뀌지 않고 전과 같이
[평온한] 것을 보고 적들은 괴로워합니다.
화려한 말과 만뜨라와 금언과 많은 보시와 전통을 통해서
어디서건 이익을 얻거든 거기서 그러한 노력을 해야 합니다.

그러나 그는 이러한 이익은 나도 남도 얻지 못한다는 것을 알아야 합니다. 근심하지 말고 '이제 이 굳센 업을 어떻게 할 것인가?'라고 견뎌내야 합니다."

대림스님 역(2013), 『앙굿따라 니까야 3』 초기불전연구원. pp.146-149.

8. 나라다 경 (A5:50)

해결중심 상담은 내담자의 사고 체계를 변화시킴으로서 내담자의 정서 조절력과 문제 해결력을 증진시켜 강점과 자원을 발견하도록 돕는다. 그리고 이러한 과정에서 내담자의 자아 존중감을 향상시켜 내담자가 자신의 행동과 정서적 문제를 해결하는데 큰 효과를 나타낸다(정문자, 김진이, 김태은, 김수지, 2007; 이우영, 2015: 26 재인용 부분수정).

[나라다 경]에서 문다 왕은 사랑하고 아끼던 밧다 왕비가 죽자, 밧다 왕비에 대해 지나친 집착으로 넋을 잃어 버렸고 이로 인해 죽은 왕비의 몸을 철로 만든 기름통에 넣고 자신이 오래 볼 수 있도록 하라고 지시하고 있다. 사람은 어떤 위기나 문제 상황에 깊이 빠져 있을 때 앞으로 일어나게 될 일을 있는 그대로 보지 못하고 과거의 상황이 앞으로도 계속 되도록 고집하고 집착하고 있다. 그리고 심한 정서적 불안장애를 겪을 경우 정서 조절력이 떨어져서 문제해결능력을 잃고 사람과의 관계에서나 사회적 활동마저 어렵게 된다.

한때 나라다 존자는 빠딸리뿟따에서 꾹꾸따 원림에 머물렀다. 그때 문다 왕이 사랑하고 아끼던 밧다 왕비가 임종을 하였다. 그는 사랑하는 밧다 왕비와 사별하자 목욕도 하지 않고 향수도 바르지 않고 음식을 먹지도 않고 업무도 돌보지 않고 밤낮으로 밧다 왕비의 몸에 지나친 [갈애로] 넋을 잃어 버렸다. 그때 문다 왕은 재정 대신 삐야까를 불러서 이렇게 말하였다.

> "여보게 삐야까여, 밧다 왕비의 시신을 철로 [만든] 기름통에 넣고, 철로 만든 다른 통으로 덮어라. 그래서 내가 밧다 왕비의 시신을 오래 볼 수 있도록 하라."

> "그렇게 하겠습니다. 폐하."라고 재정 대신 삐야까는 문다 왕에게 대답한 뒤 밧다 왕비의 시신을 철로 [만든] 기름통에 넣고, 철로 만든 다른 통으로 덮었다.

문다 왕은 사람이면 누구나 죽는다는 진리는 알고 있었으나 정작 자신이 가장 아끼고 사랑하던 밧다 왕비가 죽자 이 사실을 받아들이지 못하고 괴로워하고 있다. 밧다 왕비의 죽음을 받아들이지 못하는 것은 그의 삶의 전체에 영향을 미쳤고 문제를 더 강화시켜서 자신을 그 문제 속으로 옭아매는 결과, 즉, 밧다 왕비의 시신을 철로 [만든] 기름통에 넣고, 철로 만든 다른 통으로 덮어서 밧다 왕비의 시신을 오래 볼 수 있도록 하라고 명령을 내리고 만다. 여기에서 알 수 있는 것은 문다 왕은 밧다 왕비의 죽음을 받아들이지 못하고 있고 높은 수준의 불안과 집착을 경험하고 있는 것이다.

하지만 해결중심 접근에서는 문제에 초점을 두기보다는 내담자에게 무엇이 효과적으로 좋은 영향을 미치는지를 찾아 현재 가능한 것, 아주 작은 것이라도 시도해 보도록 하고 강점과 자원을 이끌어내 내담자를 자기 문제에 대한 전문가로 인정하고 격려하여 스스로 해결 방안을 마련할 수 있도록 이끌고 있다. 이러한 불안과 집착을 경험하고 있는 문다 왕을 이해하고 문제를 해결하기 위해서 삐야까 대신은 나라다 존자를 만나볼 것을 청하였다. 내담자가 무엇을 원하는지 협력하여 탐색하고 내담자가 원하는 미래를 선택할 수 있도록 도와주고 있는 것이다.

그때 재정 대신 삐야까는 문다왕에게 다가갔다. 가서는 문다 왕에게 이렇게 말했다.

"폐하, 나라다 존자가 빠따리뿟따의 꾹꾸다 원림에 머물고 계십니다. 그분 나라다 존자께는 이러한 좋은 명성이 따릅니다. '그는 현명한 분이고 영민한 분이며 슬기로 분이고 많이 배운 분이며 명료하게 표현하는 분이고 선견지명이 있는 분이며, 연세가 드셨고 아라한이시다.'라고 그러니 만일 폐하께서 나라다 존자를 친견하신다면 아마 법을 들은 뒤 근심의 화살을 제거할 수 있을 것입니다."

한편, 밧다 왕비의 임종으로 넋이 나간 문다 왕은 삐야까 대신의 의견을 받아들여 현명하고 지혜로운 나라다 존자를 만날 것을 스스로 결정하고 있음을 알 수 있다. 해결중심 접근에서도 자기결정의 원리는 중요하게 다루고 있다. 바이스텍은 자기결정을 "내담자가 자유롭게 선택하고 결정할 권리와 욕구를 실제로 인정하는 것"이라고 정의한다. 자기 결정은 인간의 기본 권리일 뿐만 아니라 개인이 각자의 고유한 방식으로 성장해 나가는 것을 존중하기 때문이다(노혜련·허남순 옮김, 2015: 317 참고).

문다 왕은 자신이 무언가 잘못되었다는 것, 그리고 그것이 개선되기를 원함으로써 그것을 찾아내기 위해, 문다 왕의 삶에 변화를 위해 나라다 존자를 만날 것을 스스로 결정한 것이라고 할 수 있다. 이러한 자기 결정은 문다 왕의 삶을 스스로 변화할 수 있도록 하는 계기가 된다. 그리고 문다 왕의 변화는 다른 사람의 변화로 연결되고 이것은 다시 문다 왕에게 어떤 또 다른 변화를 가져오도록 영향을 미치는 상호 순환 작용을 만들 것이다. 왜냐하면 문다 왕은 한 나라의 왕으로서 그가 잘못된 판단과 그것으로 인한 행위는 많은 사람을 고통과 위험으로 빠뜨릴 수 있기 때문이다. 따라서 위의 경전 내용은 자기결정을 존중하는 해결중심 접근의 원리가 잘 드러나 있다.

> "여보게 삐야까여, 그렇다면 나라다 존자에게 [내가 간다고] 알려드려라." 그리고 그는 생각했다. '어떻게 나 같은 사람이 나의 영토에 살고 있는, 내가 전에 알지 못하는 사문이나 바라문을 방문할 생각을 다 할까?'라고.
>
> "그렇게 하겠습니다, 폐하."라고 재정 대신 삐야까는 문다 왕에게 대답한 뒤 나라다 존자에게 다가갔다. 가서는 나라다 존자에게 절을 올리고 한 곁에 앉았다. 한 곁에 앉아서 재정 대신 삐야까는 나라다 존자에게 이렇게 말하였다.
>
> "존자시여, 문다 왕이 사랑하고 아끼던 밧다 왕비가 임종을 하였습니다. 그는 사랑하는 밧다 왕비와 사별하자 목욕도 하지 않고 향수도 바르지 않고 음식을 먹지도 않고 업무도 돌보지 않고 밤낮으로 밧다 왕비의 몸에 지나친 [갈애로] 넋을 잃었습니다. 존자시여, 그러니 문다 왕이 존자로부터 법을 들은 뒤 근심의 화살을 제거할 수 있도록 존자께서 문다 왕에게 법을 설해주소서."

또한 해결중심 접근의 원리는 내담자가 원하는 때에, 변화하기를 원할 때까지 내담자를 기다려주고 적당한 한 때를 찾는다.

> "존자시여, 문다 왕이 사랑하고 아끼던 밧다 왕비가 임종을 하였습니다. 그는 사랑하는 밧다 왕비와 사별하자 목욕도 하지 않고 향수도 바르지 않고 음식을 먹지도 않고 업무도 돌보지 않고 밤낮으로 밧다 왕비의 몸에 지나친 [갈애로] 넋을 잃었습니다. 존자시여, 그러니 문다 왕이 존자로부터 법을 들은 뒤 근심의 화살을 제거할 수 있도록 존자께서 문다 왕에게 법을 설해주소서."
>
> "삐야까여, 문다 왕이 적당하다고 생각한다면 지금 그렇게 하도록 하시오."
>
> 그때 재정 대신 삐야까는 자리에서 일어나서 나라다 존자에게 절을 올리고 오른쪽으로 [세 번] 돌아 [경의를 표한] 뒤에 문다 왕에게 가서 이렇게 말하였다.
>
> "폐하, 나라다 존자께서 '문다 왕이 적당하다고 생각한다면 지금 그렇게 하도록 하시오.'라고 허락하였습니다."

"여보게 삐야까여, 그렇다면 아주 훌륭한 마차들을 준비하게 하라."

"그렇게 하겠습니다. 폐하."라고 재정 대신 삐야까는 문다 왕에게 대답한 뒤 아주 훌륭한 마차들을 준비하게 하고 문다 왕에게 이렇게 말씀드렸다.

"폐하, 아주 훌륭한 마차들이 준비되었습니다. 폐하에게 적당하고 생각하시면 지금이 가실 시간입니다."

물론 경에서의 '적당하고 생각한다면'이라는 것은 당시의 관용구로써 '그렇게 해도 좋다.'는 허락의 내용이지만 문자 그대로 읽어본다면 상대방이 적당하다고 생각하는 때를 결정하도록 주도권을 주는 해결중심 접근의 원리와 연결해 볼 수 있을 것이다.

문제 중심의 상담에서, 특히 문제에만 몰두하여 자신이 어떻게 달라질 수 있을지 생각하지 못하는 내담자를 만나면 빠른 문제해결을 위해 조바심을 내서 어떻게 다르게 행동해야 하는지 충고하거나 제안을 하게 된다. 이러한 상담은 내담자의 부정적 감정을 쉽게 제거하여 변화시키려는 것으로 상담자가 내담자의 문제를 있는 그대로 보지 못하게 하는 요인이 될 수 있다. 그러나 해결중심 접근에서는 실천가가 내담자가 이끌고 가는 것이 아니라 내담자가 원하는 삶의 모습을 찾아 가도록 원조한다.

내담자의 비심판적 태도는 실천가가 내담자가 하는 이야기나 행동을 심판하는 데 관심이 없다는 것을 의미한다. 해결구축은 내담자의 지각을 수용하고, 내담자 준거 틀에서 작업하는 것을 기초로 한다(노혜련 · 허남순, 2015: 314 참고).

문다 왕이 나라다 존자를 만나기를 스스로 결정했지만 만나야 할 적당한 때를 정할 때까지 나라다 존자는 자신이 앞장서서 약속을 미리 정하지 않고 배려와 관심으로 문다 왕을 기다리는 모습을 볼 수 있다. 이것은 또한 내담자를 수용하고 비심판적인 태도를 유지하며, 실천가의 준거 틀 맞추는 것이 아니라 내담자 준거 틀을 강조하는 해결중심 접근의 원리가 드러나 있다고 할 수 있다.

나라다 경 (A5:50)

한때 나라다 존자는 빠딸리뿟따에서 꾹꾸따 원림에 머물렀다. 그때 문다 왕이 사랑하고 아끼던 밧다 왕비가 임종을 하였다. 그는 사랑하는 밧다 왕비와 사별하자 목욕도 하지 않고 향수도 바르지 않고 음식을 먹지도 않고 업무도 돌보지 않고 밤낮으로 밧다 왕비의 몸에 지나친 [갈애로] 넋을 잃어 버렸다. 그때 문다 왕은 재정 대신 삐야가를 불러서 이렇게 말하였다.

"여보게 삐야까여, 밧다 왕비의 시신을 철로 [만든] 기름통에 넣고, 철로 만든 다른 통으로 덮어라. 그래서 내가 밧다 왕비의 시신을 오래 볼 수 있도록 하라."

"그렇게 하겠습니다. 폐하."라고 재정 대신 삐야까는 문다 왕에게 대답한 뒤 밧다 왕비의 시신을 철로 [만든] 기름통에 넣고, 철로 만든 다른 통으로 덮었다.

그러자 재정 대신 삐야까에게 이런 생각이 들었다. '이 문다 왕이 사랑하고 아끼던 밧다 왕비는 임종을 하였다. 그는 사랑하는 밧다 왕비와 사별하자 목욕도 하지 않고 향수도 바르지 않고 음식을 먹지도 않고 업무도 돌보지 않고 밤낮으로 밧다 왕비의 몸에 지나친 [갈애로] 넋을 잃어 버렸다. 문다 왕이 사문이나 바라문을 친견하는 것은 어떨까? 그의 법을 들은 뒤 근심의 화살을 제거할 수 있을지도 모른다."

그때 재정 대신 삐야까에게 이런 생각이 들었다. '나라다 존자가 빠딸리뿟따의 꾹꾸따 원림에 머물고 계신다. 그분 나라다 존자께는 이러한 좋은 명성이 따른다. '그는 현명한 분이고 영민한 분이며 슬기로운 분이고 많은 배운 분이며 명료하게 표현하는 분이고 선견지명이 있는 분이며 연세가 드셨고 아라한이시다.'라고. 그러니 만약 문다 왕이 나라다 존자를 친견하신다면 법

을 들은 뒤 근심의 화살을 제거할 수 있을지도 모른다.'

그때 재정 대신 삐야까는 문다왕에게 다가갔다. 가서는 문다 왕에게 이렇게 말했다.

"폐하, 나라다 존자가 빠따리뿟따의 꾹꾸다 원림에 머물고 계십니다. 그분 나라다 존자께는 이러한 좋은 명성이 따릅니다. '그는 현명한 분이고 영민한 분이며 슬기로운 분이고 많이 배운 분이며 명료하게 표현하는 분이고 선견지명이 있는 분이며, 연세가 드셨고 아라한 이시다.'라고 그러니 만일 폐하께서 나라다 존자를 친견하신다면 아마 법을 들은 뒤 근심의 화살을 제거할 수 있을 것입니다."

"여보게 삐야까여, 그렇다면 나라다 존자에게 [내가 간다고] 알려드려라." 그리고 그는 생각했다. '어떻게 나 같은 사람이 나의 영토에 살고 있는, 내가 전에 알지 못하는 사문이나 바라문을 방문할 생각을 다 할까?'라고.

"그렇게 하겠습니다, 폐하."라고 재정 대신 삐야까는 문다 왕에게 대답한 뒤 나라다 존자에게 다가갔다. 가서는 나라다 존자에게 절을 올리고 한 곁에 앉았다. 한 곁에 앉아서 재정 대신 삐야까는 나라다 존자에게 이렇게 말하였다.

"존자시여, 문다 왕이 사랑하고 아끼던 밧다 왕비가 임종을 하였습니다. 그는 사랑하는 밧다 왕비와 사별하자 목욕도 하지 않고 향수도 바르지 않고 음식을 먹지도 않고 업무도 돌보지 않고 밤낮으로 밧다 왕비의 몸에 지나친 [갈애로] 넋을 잃었습니다. 존자시여, 그러니 문다 왕이 존자로부터 법을 들은 뒤 근심의 화살을 제거할 수 있도록 존자께서 문다 왕에게 법을 설해주소서."

"삐야까여, 문다 왕이 적당하다고 생각한다면 지금 그렇게 하도록 하시오."

그때 재정 대신 삐야까는 자리에서 일어나서 나라다 존자에게 절을 올리고 오른쪽으로 [세 번] 돌아 [경의을 표한] 뒤에 문다 왕에게 가서 이렇게 말하였다.

"폐하, 나라다 존자께서 '문다 왕이 적당하다고 생각한다면 지금 그렇게 하도록 하시오.'라고 허락하였습니다."

"여보게 삐야까여, 그렇다면 아주 훌륭한 마차들을 준비하게 하라."

"그렇게 하겠습니다. 폐하."라고 재정 대신 삐야까는 문다 왕에게 대답한 뒤 아주 훌륭한 마차들을 준비하게 하고 문다 왕에게 이렇게 말씀드렸다.

"폐하, 아주 훌륭한 마차들이 준비되었습니다. 폐하에게 적당하고 생각하시면 지금이 가실 시간입니다."

…………

"근심하지 말고 슬퍼하지 마십시오,

그것은 이익이 별로 없습니다.

그가 근심하고 괴로워하는 것을 알고 적들은 기뻐합니다.

이유를 잘 판별하는 현자는 재난에 낙담하지 않고 그의 얼굴이 바뀌지 않고 전과 같이 [평온한] 것을 보고 적들은 괴로워 합니다.

화려한 말과 만뜨라와 금언과 많은 보시와 전통을 통해서

어디서건 이익을 얻거든 거기서 그러한 노력을 해야 합니다.

그러나 그는 이러한 이익은 나도 남도 얻지 못한다는 것을 알아야 합니다.

근심하지 말고 '이제 이 굳센 업을 어떻게 할 것인가?'라고 견뎌내야 합니다."

대림스님 역(2013), 『앙굿따라 니까야 3』 초기불전연구원. pp.149-157.

9. 원한을 제거함 경2 (A5:162)

Sheafor & Horejsi(2007)는 문제중심의 실천가에게는 내담자의 문제, 한계나 결함에 몰두하는 경향이 있다고 기술한다. 그러나 "내담자의 능력과 잠재력이야말로 변화를 만들어 내는데 가장 중요하고 도움이 되는 것"(Sheafor & Horejsi, 2007: 76)이라고 지적하고 있다. 또한 내담자의 강점을 살려 나가는 것은 해결구축의 가장 중요한 특징이며, 이는 실천에서 내담자의 예외를 알아보고 명확히 하는 것을 강조하며, 내담자의 강점과 성공한 경험을 칭찬하는 것을 통해 알 수

있다(노혜련 · 허남순, 2015: 316 참고).

[원한을 제거함 경2]을 살펴보면 "도반들이여, 이 가운데서 몸으로 짓는 행위는 청정하지 못하지만 말로 짓는 행위는 청정한 그런 사람에 대해서는 어떻게 원한을 제거해야 합니까?"라고 사리뿟따 존자가 묻고 있다. 이것은 곧 괴로움과 고통에서 어떻게 하면 벗어날 수 있는지, 지금 일어나고 있는 일에 대해 뭘 좀 다르게 보면 문제가 해결될 수 있는지에 대한 물음을 던지고 있는 것이다.

이에 대해 사리뿟다 존자는 이와 같이 답하였다. "도반들이여, 그와 같이 몸으로 짓는 행위는 청정하지 못하지만 말로 짓는 행위는 청정한 사람에 대해서는, 그가 몸으로 짓는 청정하지 못한 행위는 마음에 두지 말고 그때는 그가 말로 짓는 청정한 행위만을 마음에 두어야 합니다. 도반들이여, 이와 같이 그 사람에 대해서 원한을 제거해야 합니다."라고 답하고 있다.

이와 같은 사리뿟따 존자의 대답은 내담자의 강점을 찾아내고 예외를 살펴보는 것을 강조하는 해결중심 접근의 원리와 그 맥을 같이 한다.

어떤 한 사람이 몸으로는 청정하지 못하지만 말로 짓는 행위는 청정할 때 그 사람이 몸으로 짓는 것은 마음에 두지 말고 말로 짓는 청정한 행위, 즉 강점만 마음을 두고 살피라고 사리뿟따는 설법하고 있다. 이 설법의 내용은 내담자의 이야기를 들으면서 특별히 눈에 띄는 것이 무엇이든지 아주 사소하고 작은 것이라고 할지라도 내담자의 강점을 찾도록 한다. 몸으로는 청정하지 못하지만 상대에게 말을 할 때 부드럽고 친절하게 하거나 사랑스러운 말을 하는 것 등은 내담자의 강점이라고 할 수 있다.

실천가는 이미 존재하는 내담자의 능력을 가정하며, 내담자 스스로 자신의 강점과 자원을 찾아 그것이 해결 구축의 기초가 될 수 있도록 돕는 촉매의 역할을 수행한다(최중진 · 백종환, 2017: 531-532 부분 수정). 문제에 휩싸여 혼란스러움과 부정적 생각을 일으킨 내담자는 자신의 나아갈 방향과 목표를 잡지 못하고 문제에 빠져 있기 때문에 자신에게 내재된 긍정적인 측면이나 강점을 잊어버리기 쉽다. 그렇기 때문에 실천가는 내담자의 긍정적인 측면에 초점을 맞추고 내담자의 강점과 자원을 발견하여 이를 문제 해결에 도움이 되도록 돕는다. 이러한 강점들을 찾아 성공경험을 칭찬하고 계속적인 성공경험을 구축하도록 하여 내담자가 원하는 변화를 이루는데 도움을 줄 수 있다. 또한 이러한 강점과 예외는 작은 변화를 일으키는 원동력이 되어 결국 내담자를 큰 변화로 이끈다는 해결중심 접근 원리와 맞닿아 있다고 할 수 있다. 내담자의 강점이나 예외에 대한 고찰은 내담자의 문제 해결 능력을 향상시킬 수 있으며, 내담자 자신에 대한 긍정적인 믿음의 힘을 키움으로써 문제를 해결할 수 있는 능력이 자신에게 있다는 희망과 기대로 이어질 수 있는 것이다. 또한 해결중심 접근에서는 문제 중심적인 시각을 가지고 있는 내담자를 강점 중심적인 시각으로 전환할 수 있도록 돕는 실천가의 역할이 중요하다. 사리뿟다의 설법을 좀 더 살펴보자.

> "도반들이여, 그러면 몸으로 짓는 행위도 청정하지 못하고 말로 짓는 행위도 청정하지 못하고 때때로 마음이 밝고 마음이 고요함을 얻지도 못하는 사람에 대해서는 어떻게 원한을 제거해야 합니까?"
>
> ……

도반들이여, 그와 같이 몸으로 짓는 행위도 청정하지 못하고 말로 짓는 행위도 청정하지 못하고 때때로 마음이 맑고 마음이 고요함을 얻지도 못하는 사람에 대해서는, 연민하는 마음을 내고 동정하는 마음을 내고 애민하는 마음을 내야 합니다. '오 참으로 이 사람이 몸으로 짓는 나쁜 행위를 버리고 몸으로 짓는 좋은 행위를 닦기를. 말로 짓는 나쁜 행위를 버리고 말로 짓는 좋은 행위를 닦기를. 마음으로 짓는 나쁜 행위를 버리고 마음으로 짓는 좋은 행위를 닦기를.'이라고

해결중심 실천가는 모든 인간이 그들의 기능수준에 관계없이 강점, 자원, 그리고 능력을 가지고 있으며, 스스로 회복할 수 있는 탄력성을 가지고 있다고 본다(최중진 · 백종환, 2017: 532 부분 수정). 내담자는 자기 자신, 가족, 또는 친구들에 대한 끊임없는 문제점만을 이어가고 늘어놓을지라도 실천가는 그 문제에 빠져 문제에 함몰되는 것이 아니라 문제를 안고 있는 내담자의 충분한 이야기를 통해 그가 할 수 있는 것이 무엇인지, 무엇을 다르게 하면 되는지에 대해 알게 하는 태도를 유지해야 한다. 위의 설법에서 사리뿟다 존자는 내담자가 아무리 몸과 말과 마음이 청정하지 못한 사람, 문제투성이일지라도 연민과 동정, 애민의 마음 내야 한다고 말하고 있다.

모든 상담에서 그렇듯 상담자는 자신의 접근에 특별한 의도를 가지게 되며, 해결중심 실천가들의 의도는 내담자에게 이미 존재하는 강점과 자원을 이끌어 내고 스스로 확인하도록 하는 것이다. 또한 해결중심 실천가는 해결중심적 대화 속에서 내담자가 자신의 삶에 전문가가 될 수 있도록 이끄는 전문가여야 한다(최중진 · 백종환, 2017: 547-549 부분 수정).

이처럼 해결중심 실천가는 전문가이기는 하지만 내담자 자신이 자기 삶의 전

문가가 되도록 돕는 원조자인 것이다. 내·외적인 요인에 의해 문제를 안고 있는 내담자는 대부분이 외적으로는 원활한 활동을 할 수 있는 자원과 사회적 관계망이 결함되었거나 침해된 상태이다. 또한 내적으로는 불안과 부정적 사고, 감정, 그리고 자신감 손상 등을 겪게 된다. 그러나 이러한 내담자일지라도 부정적 측면만을 가지고 있는 것이 아니라 강점과 예외라는 긍정적인 측면도 있기 때문에 해결중심 실천가는 이 두 측면을 잘 살필 수 있는 전문가의 태도가 필요하다. 해결중심 실천가의 이러한 태도는 내담자에게 자신의 긍정적 측면을 발견하고 확장시켜 나아갈 수 있도록 도울 뿐만 아니라 내담자로 하여금 자신의 문제 상황을 새로운 관점에서 이해하고 문제 해결을 위한 주도성을 회복하여 자기 변화를 이루어 나아갈 수 있도록 돕는다.

원한을 제거함 경2 (A5:162)

거기서 사리뿟다 존자는 "비구들이여."라고 비구들을 불렀다. "도반이시여."라고 비구들은 사리뿟다 존자에게 응답했다. 사리뿟다 존자는 이렇게 말하였다.

"도반들이여, 다섯 가지 원한을 제거함이 있나니, 어떤 것에서 비구에게 일어난 원한을 이것으로 모두 제거해야 합니다. 무엇이 다섯인가요?

"도반들이여, 여기 어떤 사람은 몸으로 짓는 행위는 청정하지 못하지만 말로 짓는 행위는 청정합니다. 도반들이여, 이런 사람에 대해서도 원한을 제거해야 합니다."

"도반들이여, 여기 어떤 사람은 말로 짓는 행위는 청정하지 못하지만 몸으로 짓는 행위는 청정합니다. 도반들이여, 이런 사람에 대해서도 원한을 제거해야 합니다."

"도반들이여, 여기 어떤 사람은 몸으로 짓는 행위도 청정하지 못하고 말로 짓는 행위도 청정하지 못하지만 때때로 마음이 맑고 마음이 고요함을 얻습니다. 도반들이여, 이런 사람에 대해서도 원한을 제거해야 합니다."

"도반들이여, 여기 어떤 사람은 몸으로 짓는 행위도 청정하지 못하고 말로 짓는 행위도 청정하지 못하지만 때때로 마음이 맑고 마음이 고요함을 얻지도 못합니다. 도반들이여, 이런 사람에 대해서도 원한을 제거해야 합니다."

"도반들이여, 여기 어떤 사람은 몸으로 짓는 행위도 청정하고 말로 짓는 행위도 청정하고 때때로 마음이 맑고 마음이 고요함을 얻습니다. 도반들이여, 이런 사람에 대해서도 원한을 제거해야 합니다."

"도반들이여, 이 가운데서 몸으로 짓는 행위는 청정하지 못하지만 말로 짓는 행위는 청정한 그런 사람에 대해서는 어떻게 원한을 제거해야 합니까?"

"도반들이여, 예를 들면 분소의를 입는 자가 마차가 다니는 길에서 낡은 천을 보고 왼발로 밟고서 오른발로 편 뒤 그 중에서 성한 부분만 찢어서 가지고 가는 것과 같습니다.

도반들이여, 그와 같이 몸으로 짓는 행위는 청정하지 못하지만 말로 짓는 행위는 청정한 사람에 대해서는, 그가 몸으로 짓는 청정하지 못한 행위는 마음에 두지 말고 그때는 그가 말로 짓는 청정한 행위만을 마음에 두어야 합니다. 도반들이여, 이와 같이 그 사람에 대해서 원한을 제거해야 합니다."

"도반들이여, 이 가운데서 말로 짓는 행위는 청정하지 못하지만 몸으로 짓는 행위는 청정한 사람에 대해서는 어떻게 원한을 제거해야 합니까?"

"도반들이여, 예를 들면 더위에 시달리고 더위에 압도되고 지쳐 있고 심한 갈증을 느끼고 목마른 사람이 이끼와 수초로 덮여 있는 연못으로 오는 것과 같습니다. 그는 그 연못으로 내려와서 양 손으로 이끼와 수초 더미를 밀쳐 낸 뒤 손을 모아 물을 마시고 갈 것입니다.

도반들이여, 그와 같이 말로 짓는 행위는 청정하지 못하지만 몸으로 짓는 행위는 청정한 사람에 대해서는, 그가 말로 짓는 청정하지 못한 행위는 그때 마음에 두지 말고 그때는 그가 몸으로 짓는 청정한 행위만을 마음에 두어야 합니다. 도반들이여, 이와 같이 그 사람에 대해서 원한을 제거해야 합니다."

……

"도반들이여, 그러면 몸으로 짓는 행위도 청정하지 못하고 말로 짓는 행위도 청정하지 못하지만 때때로 마음이 맑고 마음이 고요함을 얻는 사람에 대해서는 어떻게 원한을 제거해야 합니까?"

……

도반들이여, 그와 같이 몸으로 짓는 행위도 청정하지 못하고 말로 짓는 행위도 청정하지 못하지만 때때로 마음이 맑고 마음이 고요함을 얻는 사람에 대해서는, 그가 몸으로 짓는 청정하지 못한 행위도 마음에 두지말고 말로 짓는 청정하지 못한 행위도 마음에 두지 말아야 합니다. 그때는 그가 때때로 마음이 맑고 마음이 고요함을 얻는 것만을 마음에 두어야 합니다. 도반들이여, 이와 같이 그 사람에 대해서 원한을 제거해야 합니다."

"도반들이여, 그러면 몸으로 짓는 행위도 청정하지 못하고 말로 짓는 행위도 청정하지 못하고 때때로 마음이 맑고 마음이 고요함을 얻지도 못하는 사람에 대해서는 어떻게 원한을 제거해야 합니까?"

……

도반들이여, 그와 같이 몸으로 짓는 행위도 청정하지 못하고 말로 짓는 행위도 청정하지 못하고 때때로 마음이 맑고 마음이 고요함을 얻지도 못하는 사람에 대해서는, 연민하는 마음을 내고 동정하는 마음을 내고 애민하는 마음을 내야 합니다. '오 참으로 이 사람이 몸으로 짓는 나쁜 행위를 버리고 몸으로 짓는 좋은 행위를 닦기를. 말로 짓는 나쁜 행위를 버리고 말로 짓는 좋은 행위를 닦기를. 마음으로 짓는 나쁜 행위를 버리고 마음으로 짓는 좋은 행위를 닦기를.'이라고.

대림스님 역(2013), 『앙굿따라 니까야 3』 초기불전연구원. pp.358-365.

10. 나꿀라 경 (A6:16)

해결중심 접근은 내담자의 긍정적인 강점을 잘 파악하고, 내담자가 표현하는 욕구를 파악하여 내담자의 긍정적 특성, 성공경험, 사회・심리적 자원 등의 장점을 발견하고 이를 효과적으로 활용한다. 따라서 전문성 발달수준이 높은 해결중심 접근가들은 어떻게 내담자가 강점을 인식하는지, 그리고 인식한 강점을 상담에서 어떤 방식으로 활용하는지를 이해하는 것이 필요하다(권혜경・이희경. 2013: 399-400 참고). 이러한 이해를 통해 내담자의 강점을 잘 알게 됨으로써 보다 깊은 내담자에 대한 이해가 가능하다. 내담자의 강점의 강화는 많은 문제해결의 기반이 된다.

[나꿀라 경]은 일상생활에서 붓다를 친견하고, 비구 승가를 자주 찾아가고, 계를 지키고, 마음의 고요함을 얻고자 하고, 법과 율에 발판을 얻고자 하는 불교의 교리가 해결중심 접근의 기반이 될 수 있는 사례에 해당하는 경이다. 즉, [나꿀라 경]은 불교의 교리가 해결중심 접근의 철학적 기반이 되어 내담자 가족들에게 강점으로 내재화되어 있는 과정을 잘 보여주는 사례이다.

이 경에서 내담자가족들은 자신들의 강점을 잘 활용하여, 그들 가족의 문제를 잘 해결하고, 실천가는 내담자 가족 스스로가 그들의 강점을 가지고 문제를 해결한 것에 대하여 칭찬하며, 그들 가족이 가진 강점을 재확인하여 주고, 그 강점이 내담자 가족에게 큰 자산임을 확인하여 준다.

해결중심 접근에서 내담자 가족에 해당하는 나꿀라삐따와 나꿀라마따는 각기 문제와 강점을 가지고 있다. 나꿀라삐따는 병에 걸려 극심한 고통에 시달리고 있으며, 자신의 죽음 후 아내인 나꿀라마따가 아이들의 양육과 집안일, 재혼, 붓다와 비구 승가를 자주 찾아가지 않거나 계를 원만하게 지키지 않거나 마음으로 고요함을 얻지 못하거나 법과 율에서 발판을 얻지 못하지 않을까 등의 걱정을 가지고 있다. 나꿀라마따는 이러한 고통과 걱정을 가진 나꿀라삐따에 대한 연민을 갖고 나꿀라삐따의 고통과 걱정을 덜어주고자 한다.

내담자로서 나꿀라삐따는 나꿀라마따의 이야기를 받아들일 수 있는 마음가짐과 나꿀라삐따에게 연민을 가졌고, 도움을 주고 조언을 하는 아내가 있고, 평소 붓다와 비구 승가를 자주 찾아 가는 등의 강점을 가지고 있다. 한편 내담자로서 나꿀라마따는 장자가 생각하는 문제와 욕구(애착을 가지고 임종하는 괴로운)에 대해 자신의 강점을 스스로 찾아내어 대처능력을 보여주는 강점을 가지고 있다. 나꿀라마따가 가진 강점은 다음과 같다.

> "저는 솜을 타고 [양털을]을 짷는데 능숙합니다. 장자여 당신 가신 뒤에도 아이들을 양육하고 집안일을 돌볼 수 있습니다."
> "장자여, 당신과 내가 16년을 재가에서 순결한 삶을 살았다는 것을 당신은 잘 압니다."
> "저는 당신이 가신 뒤에 더욱더 세존을 친견하고자 할 것이고 비구 승가를 친견하고자 할 것입니다."
> "장자여, 계를 성취한 흰옷 입은 재가 여신도들이 그분 세존 곁에 있는 한, 저는 그들 가운데 한 사람입니다. 누구든지 의심과 혼란이 있으면 지금 그분 세존 아라한 정등각께서 박가에서 베사깔라 숲에 있는 녹야원에 머물고 계시니 그분 세존을 찾아뵙고 질문을 드릴 수 있습니다."
> "장자여, 안으로 마음의 사마타를 얻은 흰옷 입은 재가 여신도들이 그분 세존 곁에 있는 한 저는 그들 가운데 한 사람입니다. 누구든지 의심과 혼란이 있으면 지금 그분 세존 아라한 정등각께서 박가에서 베사깔라 숲에 있는 녹야원에 머물고 계시니 그분 세존을 찾아뵙고 질문을 드릴 수 있습니다."
> "장자여, 이 법과 율에서 발판을 얻고 확고함을 얻고 위안을 얻고 의심을 건너고 혼란을 제거하고 무외를 얻고 스스로를 의지하고 스승의 교법에 머무는 흰옷 입은

재가 여신도들이 그분 세존 곁에 있는 한, 저는 그들 가운데 한 사람입니다. 누구든지 의심과 혼란이 있으면 지금 그분 세존 아라한 정등각께서 박가에서 베사깔라 숲에 있는 녹야원에 머물고 계시니 그분 세존을 찾아뵙고 질문을 드릴 수 있습니다."

이렇게 나꿀라마따는 자신이 가진 여러 강점을 제시함으로써, 나꿀라삐따의 걱정을 누그러 뜨리고, 마음의 걱정을 놓게 하자 나꿀라삐따는 병이 진정되고 완쾌된다. 즉 내담자 가족들은 자신의 가진 강점들을 잘 활용하여 그들의 문제를 잘 해결한 것이다. 그 해결책은 가족에 대한 신뢰와 연민 속에서 그들의 일상 속에서 지속되고 있는 삶의 과정을 꾸준히 실천하는 것이라 할 수 있다. 일상 속의 지속적인 삶과 수행이 내담자 가족에게 강점으로 내재화되며, 해결중심 접근의 강점 관점의 기반이 될 수 있었던 것은 불교 교리라 할 수 있다. 나꿀라삐따와 나꿀라마따는 평소 꾸준히 세존과 비구 승가를 접견하고 불교의 계와 법과 율을 지키는 생활을 하여 왔기 때문이다. 즉 해결중심 접근에서 말하는 성공의 경험이 있기 때문이다. 일반적으로 성공경험이 적은 내담자의 경우일지라도 본인이 인지하지 못하고 있던 성공의 경험과 예외경험에 주목하고 그것을 인지하도록 원조하는 것은 해결중심 접근의 중요한 관점이다.

이 과정에서 실천가로서 세존은 나꿀라삐따가 연민을 가졌고 이익을 바라고 교계하고 조언하는 나꿀라마따를 아내를 둔 강점을 큰 이득이라하며 재확인하여 주신다. 또한 나꿀라마따가 이야기한 문장을 그대로 사용하시며 확신을 주신다.

나꿀라 경 (A6:16)

1. 한때 세존께서는 박가에서 숨수마라기리의 베사깔라 숲에 있는 녹야원에 머무셨다. 그때 나꿀라삐따 장자가 병에 걸려 극심한 고통에 시달리고 있었다. 그러나 장자의 아내 나꿀라마따가 나꿀라삐따 장자에게 이렇게 말했다.

2. "장자여, 애착을 가지고 임종을 하지 마십시오, 애착을 가지고 임종하는 것은 괴로움입니다. 세존께서는 애착을 가지고 임종하는 것을 나무라셨습니다. 장자여, 아마 당신은 '내가 가고나면 내 아내 나꿀라어미가 아이들을 양육하고 집안일을 돌볼 수 없는 것인데.'라고 생각할지도 모릅니다. 장자여, 그러나 그렇게 생각하지 마십시오. 장자여, 저는 솜을 타고 [양털을]을 땋는데 능숙합니다. 장자여 당신 가신 뒤에도 아이들을 양육하고 집안일을 돌볼 수 있습니다. 그러니 당신은 애착을 가지고 임종을 하지 마십시오. 애착을 가지고 임종하는 것은 괴로움입니다. 세존께서는 애착을 가지고 임종하는 것을 나무라셨습니다.

장자여, 아마 당신은 '내가 가고나면 내 아내 나꿀라 어미가 다른 집으로 [시집]갈지도 모른다.'라고 생각할지도 모릅니다. 그러나 장자여, 그러나 그렇게 생각하지 마십시오. 장자여, 당신과 내가 16년을 재가에서 순결한 삶을 살았다는 것을 당신은 잘 압니다. 그러니 당신은 애착을 가지고 임종을 하지 마십시오. 애착을 가지고 임종하는 것은 괴로움입니다. 세존께서는 애착을 가지고 임종하는 것을 나무라셨습니다.

장자여, 아마 당신은 '내가 가고나면 내 아내 나꿀라 어미가 세존을 친견하고자 하지 않고 비구 승가를 친견하고자 하지 않을지도 모른다.'라고 생각할지도 모릅니다. 장자여, 그러나 그렇게 생각하지 마십시오. 장자여, 저는 당신이 가신 뒤에 더욱더 세존을 친견하고자 할 것이고 비구 승가를 친견하고자 할 것입니다. 그러니 당신은 애착을 가지고 임종을 하지 마십시오. 애착을 가지고 임종하는 것은 괴로움입니다. 세존께서는 애착을 가지고 임종하는 것을 나무라셨습니다."

장자여, 아마 당신은 '내가 가고나면 내 아내 나꿀라 어미는 계를 원만히 하지 않을지도 모른다'라고 생각할지도 모릅니다 …… 장자여, 그러나 그렇게 생각하지 마십시오. 장자여, 계를 성취한 흰옷 입은 재가 여신도들이 그분 세존 곁에 있는 한, 저는 그들 가운데 한 사람입니다. 누구든지 의심과 혼란이 있으면 지금 그분 세존 아라한 정등각께서 박가에서 베사깔라 숲에 있는 녹야원에 머물고 계시니 그분 세존을 찾아뵙고 질문을 드릴 수 있습니다. 그러니 당신은 애착을 가지고 임종을 하지 마십시오. 애착을 가지고 임종하는 것은 괴로움입니다. 세존께서는 애착을 가지고 임종하는 것을 나무라셨습니다."

장자여, 아마 당신은 '내가 가고나면 내 아내 나꿀라 어미는 안으로 마음의 사마타를 얻지 못할지도 모른다.'라고 생각할지도 모릅니다. 장자여, 그러나 그렇게 생각하지 마십시오. 장자여, 안으로 마음의 사마타를 얻은 흰옷 입은 재가 여신도들이 그분 세존 곁에 있는 한 저는 그들 가운데 한 사람입니다. 누구든지 의심과 혼란이 있으면 지금 그분 세존 아라한 정등각께서 박가에서 베사깔라 숲에 있는 녹야원에 머물고 계시니 그분 세존을 찾아뵙고 질문을 드릴 수 있습니다. 그러니 당신은 애착을 가지고 임종을 하지 마십시오. 애착을 가지고 임종하는 것은 괴로움입니다. 세존께서는 애착을 가지고 임종하는 것을 나무라셨습니다.

장자여, 아마 당신은 '내가 가고나면 내 아내 나꿀라 어미는 이 법과 율에서 발판을 얻지 못하고 확고함을 얻지 못하고 위안을 얻지 못하고 의심을 건너지 못하고 혼란을 제거하지 못하고 무외를 얻지 못하고 스스로를 의지하지 못하고 스승의 교법에서 머물지 못할지도 모른다.'라고 생각할지도 모릅니다. 장자여, 그러나 그렇게 생각하지 마십시오. 장자여, 이 법과 율에서 발판을 얻고 확고함을 얻고 위안을 얻고 의심을 건너고 혼란을 제거하고 무외를 얻고 스스로를 의지하고 스승의 교법에 머무는 흰옷 입은 재가 여신도들이 그분 세존 곁에 있는 한, 저는 그들 가운데 한 사람입니다. 누구든지 의심과 혼란이 있으면 지금 그분 세존 아라한 정등각께서 박가에서 베사깔라 숲에 있는 녹야원에 머물고 계시니 그분 세존을 찾아뵙고 질문을 드릴 수 있습니다. 그러니 당신은 애착을 가지고 임종을 하지 마십시오. 애착을 가지고 임종하는 것은 괴로움입니다. 세존께서는 애착을 가지고 임종하는 것을 나무라셨습니다."

3. 그때 나꿀라삐따 장자는 장자의 아내 나꿀라마따의 이러한 교계를 받은 뒤 바로 병이 진정되었다. 그러자 나꿀라삐따 장자는 그 병에서 일어났다. 그리고는 그 병에서 완쾌되었다. 그때 나꿀라삐따 장자는 병실에서 나왔다. 병실에서 나온 지 오래지 않아서 지팡이를 짚고 세존께 다가갔다. 가서는 세존께 절을 올린 뒤 한 곁에 앉았다. 한 곁에 앉은 나꿀라삐따 장자에게 세존

께서는 이렇게 말씀하셨다.

4. "장자여, 연민을 가졌고 이익을 바라고 교계하고 조언하는 나꿀라마따를 아내로 두다니 그것은 그대에게 참으로 이득이고, 참으로 큰 이득이로다. 장자여, 계를 성취한 흰옷 입은 재가 여신도들이 내 곁에 있는 한, 장자의 아내 나꿀라마따는 그들 가운데 한사람이다. 장자여, 안으로 마음의 사마타를 얻은 흰옷 입은 재가 여신도들이 내 곁에 있는 한, 장자의 아내 나꿀라마따는 그들 가운데 한 사람이다. 장자여, 이 법과 율에서 발판을 얻고 확고함을 얻고 위안을 얻고 의심을 건너고 혼란을 제거하고 무외를 얻고 스스로를 의지하고 스승의 교법에 머무는 흰옷 입은 재가 여신도들이 내 곁에 있는 아내 나꿀라마따는 그들 가운데 한 사람이다. 장자여. 연민을 가졌고, 이익을 바라고 교계하고 조언하는 나꿀라마따를 아내로 두다니 그것은 그대에게 참으로 이득이고, 참으로 큰 이득이로다."

대림스님 역(2013), 『앙굿따라 니까야 4』 초기불전연구원. pp.79-83.

11. 천신 경 (A6:69)

내담자는 모두 자신이 현재 속한 환경에서 자신이 변화할 것인지 그리고 무엇을 다르게 할 것인지를 선택해야만 한다. 또한 관계성 질문에서 내담자가 하는 대답은 내담자가 발전시켜 나가는 목표와 해결 방법이 현실적으로 도움이 되는 지를 판단하는 데 유용한 정보가 된다(노혜련 · 허남순, 2015: 225).

관계성의 질문에서 내담자의 의견을 적극적으로 경청하여 주고 공감하여 주는 것은 내담자를 수용하고 이해한다는 존중의 표현이다. 내담자에 대한 수용의 표현은 실천가와 내담자의 상호과정 속에서 실천가가 진정으로 자신을 이해하고 있다는 믿음을 준다. 공감을 통한 경청과 내담자에 대한 수용은 내담자의 이야기를 들어주는 것만으로도 치료효과를 주어 내담자에게 더욱 더 긍정적 변화를 가져오게 한다.

[천신 경]은 해결중심 접근에서 중요시하는 적극적 경청과 공감과 지지에 대한 좋은 사례이다. 경청은 내담자가 하는 말을 주의 깊게 듣는 것이며, 여기에 더하여 적극적 경청은 실천가가 내담자의 메세지를 정확하게 받아들여 이해하고 있음을 끊임없이 내담자에게 전달해 줌으로써 내담자가 자신이 정확히 이해받고 있다는 생각을 갖도록 하는 행위까지를 포함한다. 따라서 이것은 피드백 과정의 일부라고 볼 수 있다. 적극적 경청기술의 하나로서 '내용반영하기'는 내담자의 메시지나 정보에 대한 이해를 전달하기 위한 감정이입기술로서 내담자가 말한 내용을 부연하고 다시 내담자에게 표현하는 것을 의미한다. 내담자가 제시한 메시지나 정보에 대해 부연설명을 하는 것은 실천가가 내담자의 이야기를 경청하고 이해하는 노력을 보여주는 것이며, 실천가와 내담자 간에 신뢰관계를 형성하는 데 도움이 되며, 내담자의 이야기를 잘 이해했는지 점검하는 기회를 주고, 내담자가 자신의 생각을 구체화시켜 볼 수 있는 기회를 제공한다(엄명용 · 노충래 · 김용석, 2015 참고).

공감은 상대방의 감정과 관점을 이해할 수 있는 능력을 말한다, 공감적인 태도와 기술은 강력한 신뢰감과 라포(rapport)를 형성해 준다(김혜영 · 석말숙 · 최정숙 · 김성경, 2010: 111). 공감이란 실천가가 내담자의 입장에 서서 내담자가 느끼는 감정, 사고, 행동, 동기 등과 같은 내담자의 경험을 민감하게 그리고 주의 깊게 이해하는 것이다. Gambrill(1997)은 공감을 내담자가 표현한 것을 정확하게 이해했음을 내담자가 알도록 하는 일차적 공감(primary level empathy)과 내담자가 표현한 것뿐만 아니라 표현하지 않은 것과 내담자가 암시적으로 표현한 것에 대해서까지 언급하는 고급 차원의 공감(advanced empathy)으로 구분하고 있다(엄명용・노충래・김용석, 2015, 91 재인용). 신뢰감은 서로간의 유대감을 깊게 하며, 라포(rapport)는 실천가와 내담자의 상호작용을 통한 상호 간의 이해에 기반한 공감대 형성을 의미한다.

지지란 상담과정에서 상담사가 내담자를 수용하고 내담자를 원조하려는 의사와 내담자의 문제해결능력에 대한 확신을 표현함으로써 내담자의 불안을 줄이고 자아존중감을 증진하기 위한 과정이다. 지지에는 실천가가 내담자에게 관심, 수용, 공감적 이해, 정서적 지지, 격려, 인정, 재보증 등을 보여주기 위한 언어적・비언어적 형태의 의사소통을 모두 포함하고 있다(이영호, 2008: 140). 이중 정서적 지지는 상대방에게 심리적 격려와 용기를 주는 것이고, 자신감을 심어주는 것을 의미한다(김혜영・석말숙・최정숙・김성경, 2010: 114). 격려는 내담자가 자신의 문제 상황이나 어려움을 이야기할 때 실천가가 내담자의 이야기를 경청하고 있음을 나타내기 위해 사용된다. 격려를 통해 내담자는 자신의 행동이나 사고, 감정에 대해 인정을 받기 때문에 자신감을 가질 뿐만 아니라 일부 위험한 행동을 중단하거나 긍정적인 행동을 취하는 계기가 되기도 한다. 인정은 내담자가 어떤 행동을 취하거나 벗어난 이후에 이에 대해 긍정적 평가를 내려주는 것을 의미한다(Trevithick, 2000, 엄명용・노충래・김용석, 2015: 156, 재인용). 재보증은 실천가는 내담자의 판단이나 문제상황이 잘못된 것이 아니라 제대로 진행되고 있는 것이라는 점을 확인해 줌으로써 내담자가 판단이나 문제상황에 대한 자신의 결정을 유지할 수 있도록 돕는 것이다. 나아가 적시에 재보증 기술을 사용하면 실천가는 내담자에게 희망과 지지를 갖도록 도울 수 있다(Hepworth et al.,

1997, 엄명용 · 노충래 · 김용석, 2015: 156, 재인용).

> "세존이시여, 비구를 쇠퇴하지 않게 하는 여섯 가지 법이 있습니다. 어떤 것이 여섯인가요? 스승을 존중함, 법을 존중함, 승가를 존중함, 공부지음을 존중함, 훈계를 잘 받아들임, 선우(善友)를 사귐입니다. 세존이시여, 이러한 여섯 가지 법은 비구를 쇠퇴하지 않게 합니다."
>
> 천신은 이렇게 말하였고 스승께서는 그것에 동의를 하셨다. 그때 천신은 '스승께서 나의 [말]에 동의를 하셨구나.'라고 생각하면서 세존께 절을 올리고 오른쪽으로 [세 번]돌아 [경의를 표한] 뒤에 거기서 사라졌다.
>
> 이렇게 말씀하시자 사리뿟따 존자가 세존께 절을 올린 뒤 이와 같이 말씀드렸다.
>
> "세존이시여, 세존께서 간략하게 설하신 것의 뜻을 저는 이와 같이 자세하게 압니다. 세존이시여, 여기 비구는 자신이 스승을 존중하고 스승을 존중하는 것을 칭송합니다. 그리고 스승을 존중하지 않는 다른 비구들도 스승을 존중하도록 격려하고, 스승을 존중하는 비구들에 대해서 진실하고 바르게 칭송하는 말을 적당한 때에 합니다. 그는 자신이 법을 존중하고 …… 자신이 승가를 존중하고 …… 자신이 공부지음을 존중하고 …… 자신이 훈계를 잘 받아들이고 …… 자신이 선우를 사귀고 선우를 사귀도록 격려하고, 선우를 사귀는 비구들에게 대해서 진실하고 바르게 칭송하는 말을 적당한 때에 합니다.
>
> 세존이시여, 세존께서 간략하게 설하신 것의 뜻을 저는 이와 같이 자세하게 압니다."
>
> "장하고 장하구나, 사라뿟따여, 사리뿟따여, 내가 간략하게 설한 것을 뜻을 그대는 이와 같이 자세하게 아는 구나 …… ."

[천신 경]에서는 천신이 붓다께 비구를 쇠퇴하지 않게 하는 여섯 가지 법에 대한 자신의 의견을 이야기 하자, 천신의 의견에 동의를 하신다. 붓다의 동의를

받은 천신은 스승께서 자신의 의견을 동의하여 주셨구나하면서 붓다께 경의를 표한다. 해결중심 접근에서도 실천가가 내담자의 이야기에 공감과 인정을 통하여 내담자가 이미 취한 행동에 대해 긍정적인 메시지를 전달한다. 이는 내담자에게 자신의 행동에 대한 확신과 희망, 자신감 증진에 기여한다.

한편, 붓다께서 이러한 천신과의 사례를 천신이 사용한 언어로 그대로 다시 비구들에게 반복하여 설하여 주시자, 사리뿟따 존자는 붓다께서 설하신 내용을 본인이 이해한 내용그대로 다시 한 번 확인한다. 이에 붓다는 사리뿟따 존자가 이해한 내용 그대로, 붓다께서 설한 내용을 자세히 잘 알고 있다며 동의하여주시고 칭찬하며, 다시한번 사리뿟따 존자의 이야기 그대로 반복하시며 사리뿟따 존자에게 확신을 주신다. 해결중심 접근에서도 실천가의 내담자 이야기에 대한 공감 및 칭찬은 내담자의 행동이 올바른 행동이며, 제대로 잘 진행되고 있다는 확신을 내담자에게 주어 더욱 자신감 있는 행동을 하도록 내담자를 촉진할 수 있다.

이것은 내담자의 자기 가치에 대한 인식을 높이게 하는 계기가 되며, 내담자가 자기 자신과 삶에 대한 전문가가 되게 한다. 이런 과정은 그 자체로 내담자의 개인적 가치와 존엄성을 존중할 뿐만 아니라 강화한다(노혜련 · 허남순, 2015: 314 참고). 나아가 내담자의 방향성과 행동을 잘 이해하여 주는 것은 내담자로 하여금 자신에 대한 신뢰를 더 강하게 한다.

천신 경 (A6:69)

1. 그때 어떤 천신이 밤이 아주 깊었을 때 아주 멋진 모습을 하고 온 제따 숲을 환하게 밝히면서 세존께 다가갔다. 다가가서는 세존께 절을 올린 뒤 한 곁에 섰다. 한 곁에 서서 천신은 세존께 이렇게 말씀드렸다.

"세존이시여, 비구를 쇠퇴하지 않게 하는 여섯 가지 법이 있습니다. 어떤 것이 여섯인가요? 스승을 존중함, 법을 존중함, 승가를 존중함, 공부지음을 존중함, 훈계를 잘 받아들임, 선우(善友)를 사귐입니다. 세존이시여, 이러한 여섯 가지 법은 비구를 쇠퇴하지 않게 합니다."

천신은 이렇게 말하였고 스승께서는 그것에 동의를 하셨다. 그때 천신은 '스승께서 나의 [말]에 동의를 하셨구나.'라고 생각하면서 세존께 절을 올리고 오른쪽으로 [세 번]돌아 [경의를 표한] 뒤에 거기서 사라졌다.

2. 세존께서는 그 밤이 지나자 비구들을 불러서 말씀하셨다.

"비구들이여, 간밤에 어떤 천신이 밤이 아주 깊었을 때 아주 멋진 모습을 하고 온 제따 숲을 환하게 밝히면서 나에게 다가왔다. 다가와서는 나에게 절을 올린 뒤 한 곁에 섰다. 한 곁에 서서 천신은 나에게 이렇게 말하였다. '세존이시여, 비구를 쇠퇴하지 않게 하는 여섯 가지 법이 있습니다. 어떤 것이 여섯인가요? 스승을 존중함, 법을 존중함, 승가를 존중함, 공부지음을 존중함, 훈계를 잘 받아들임, 선우(善友)를 사귐입니다. 세존이시여, 이러한 여섯 가지 법은 비구를 쇠퇴하지 않게 합니다.'라고 비구들이여, 천신은 이렇게 말하였고 나는 그것에 동의를 하였다. 그때 천신은 '스승께서 나의 [말]에 동의를 하셨구나.'라고 생각하면서 나에게 절을 올리고 오른쪽으로 [세 번]돌아 [경의를 표한]뒤 거기서 사라졌다."

3. 이렇게 말씀하시자 사리뿟따 존자가 세존께 절을 올린 뒤 이와 같이 말씀드렸다.

"세존이시여, 세존께서 간략하게 설하신 것의 뜻을 저는 이와 같이 자세하게 압니다. 세존이시여, 여기 비구는 자신이 스승을 존중하고 스승을 존중하는 것을 칭송합니다. 그리고 스승을 존중하지 않는 다른 비구들도 스승을 존중하도록 격려하고, 스승을 존중하는 비구들에 대해서 진실하고 바르게 칭송하는 말을 적당한 때에 합니다. 그는 자신이 법을 존중하고 …… 자신이 승가를 존중하고 …… 자신이 공부지음을 존중하고 …… 자신이 훈계를 잘 받아들이고 …… 자신이 선우를 사귀고 선우를 사귀도록 격려하고, 선우를 사귀는 비구들에게 대해서 진실하고 바르게 칭송하는 말을 적당한 때에 합니다.

세존이시여, 세존께서 간략하게 설하신 것의 뜻을 저는 이와 같이 자세하게 압니다."

"장하고 장하구나, 사라뿟따여, 사리뿟따여, 내가 간략하게 설한 것을 뜻을 그대는 이와 같이 자세하게 아는 구나, 사리뿟따여, 여기 비구는 자신이 스승을 존중하고, 스승을 존중하는 것을 칭송한다. 그리고 스승을 존중하지 않는 다른 비구들도 스승을 존중하도록 격려하고, 스승을 존중하는 비구들에 대해서 진실하고 바르게 칭송하는 말을 적당한 때에 한다. 그는 자신이 법을 존중하고 …… 자신이 승가를 존중하고 …… 자신이 공부지음을 존중하고 …… 자신이 훈계를 잘 받아들이고 …… 자신이 선우를 사귀고 선우를 사귀는 것을 칭송한다. 그리고 선우를 사귀지 않는 다른 비구들도 선우를 사귀도록 격려하고, 선우를 사귀는 비구들에 대해서 진실하고 바르게 칭송하는 말을 적당한 때에 한다.

사리뿟따여, 내가 간략하게 설한 것의 뜻을 그대는 이와 같이 자세히 알아야 한다."

대림스님 역(2013), 『앙굿따라 니까야 4』 초기불전연구원. pp.276-278.

12. 시하 경 (A8:12)

자기결정(self-determination)은 사회복지실천과정에서 내담자는 스스로 선택하고 결정을 내릴 수 있는 자유로운 권리와 욕구를 갖고 있다는 것을 인식하는 것이다(전남련 · 박정란 · 윤기종 · 이효수, 2012: 25). 자기결정은 인간의 기본 권리일 뿐만 아니라 개인이 각자의 고유한 방식으로 성장해 나가는 것을 존중하는 것이다. 사람은 매 순간 선택하면서 자신이 누구인지를 알게 된다. 내담자는 어려움을 겪으면서 때로는 지치고 낙담할 수 있지만, 실천가가 자신을 대신해 결정해 줄 때 보다는 자신이 선택한 결과에 대한 책임을 지면서 최선을 다해 살아갈 때 자신감과 만족감을 느낀다. 해결중심 접근은 자기결정을 증진한다. 해결구축 과정 내내 실천가는 내담자에게 자기 삶에 대한 책임을 지도록 돕는다(노혜련・허남순, 2015: 317).

[시하 경]에서 니간타의 제자인 시하 대장군은 잘 알려진 릿차위들이 집회소에 모여 부처님과 법과 승가를 칭송하고 있는 것을 보고 자신도 붓다를 친견하러 가고 싶어한다. 그러나 자신이 속한 니간타들은 붓다가 [업]지음이 없음을 말하는 자라며 찾아가는 것을 허락하지 않는다. 몇 번 더 허락을 구하지만 허락을 받지 못하자, 허락을 구하지 않고 스스로 붓다를 친견을 하여야겠다는 결정을 한다. 붓다를 친견한 시하 대장군은 자신은 붓다를 비방하고 싶지 않으니 세간에서 붓다를 비난하는 이유에 대하여 묻는다. 붓다께서는 세간의 비난에 대한 이유와 그에 대한 반박을 그들에 대한 비난없이 근거를 들어 설명하시고 그들이 어떤 점 때문에 그렇게 말할지도 모른다고 하신다. 붓다의 법에 대한 설명을 들은 시하대장군은 붓다에게 경의를 표하며, 붓다에게 귀의할 것을 말한다. 이에 붓다께서는 붓다의 말씀에 그저 따르기 보다는 스스로 심사숙고하여 자기결정을 하고 선택을 하기를 권유한다. 그리고 스스로의 결정으로 선택하였을 때, 순차적으로 시하 대장군의 상황에 맞게 가르침을 설하신다.

> "세 번째에도 잘 알려진 많은 릿차위들이 집회소에 모여 앉아서 여러 가지 방법으로 부처님을 칭송하고 법을 칭송하고 승가를 칭송하고 있었다.
> 세 번째에도 니간타의 제자인 시하 대장군이 그 회중에 앉아있었다. 시하 대장군에게 이런 생각이 들었다.

'의심할 여지가 없이 그분 세존은 아라한이고 정등각이실 것이다. 그래서 이들 잘 알려진 많은 릿차위들이 집회소에 모여 앉아서 여러 가지 방법으로 부처님을 칭송하고 법을 칭송하고 승가를 칭송한다. 그런데 니간타들에게 허락을 청하건 청하지 않건 그들이 나를 어떻게 하겠는가? 그러니 나는 니간타들에게 허락을 청하지 않고 그분 세존 아라한 정등각을 친견하러 가야겠다.'

"세존이시여 저는 '사문 고따마는 [업]지음 없음을 말하는 자(도의 부정론자)자라서 [업]지음 없음의 법을 설하고 그것으로 제자들을 인도한다.'라고 들었습니다. 세존이시여 '사문 고따마는 [업]지음 없음을 말하는 자(도의 부정론자)자라서 [업]지음 없음의 법을 설하고 그것으로 제자들을 인도한다.'라고 말하는 자들은 세존께서 설하신 것을 반복한 것입니까? [세존께서 설하셨다고 전해진 이것을 반복하더라도] 어떤 사람도 나쁜 견해에 빠져 비난의 조건을 만나지 않겠습니까? 저는 세존을 비방하고 싶지 않습니다"

"시하여 나는 [업]지음 없음을 가르친다. 나는 몸으로 나쁜 행위를 저지르고 말로 나쁜 행위를 저지르고 마음으로 나쁜 행위를 저지르는 자에게 여러 가지 나쁜 불선법들을 짓지 말 것을 가르친다. 시하여, 이것이 그 이유이니 그 때문에 나에 대해 그 때문에 나에 대해 바르게 말한 어떤 사람이 '사문 고따마는 [업]지음 없음을 말하는 자라서 [업]지음 없음의 법을 설하고 그것으로 제자들을 인도한다.'라고 말할지도 모른다. …… [업]지음을 말하는 자라서 [업]지음의 법을 설하고 …… 단멸을 말하는 자라서 단멸의 법을 설하고, …… 혐오하는 자라서 혐오를 위해서 법을 설하고, …… 폐지론자여서 폐지하기 위하여 법을 설하고, …… 고행자라서 고행의 법을 설하고, 모태에 들지 않은 자라서 모태에 들지 않도록 하기 위해 법을 설하고, 모태에 들지 않는 자라서 모태에 들지 못하도록 하기 위해 법을 설하고, …… 편안한 자라서 안식[安息]을 위해 법을 설하고 그것으로 제자들을 인도한다.' 라고 말할지도 모른다."

"경이롭습니다. 세존이시여, 경이롭습니다. …… 세존께서는 여러 가지 방편으로 법을 설해주셨습니다. 저는 이제 세존께 귀의하옵고 법과 비구승가에 귀의합니다."

"시하여, 심사숙고한 연후에 행하라. 그대와 같이 잘 알려진 사람은 심사숙고하는 것이 좋다. …… 세존이시여, 이런 저는 세 번째로 세존께 귀의하옵고 법과 비구승가에 또한 귀의합니다."
그러자 세존께서는 시하 대장군에게 순차적인 가르침을 설하셨다. 보시의 가르침, 계의 가르침, 천상의 가르침, 감각적 욕망의 위험과 타락과 오염원, 출리에 대한 공덕을 밝혀주셨다. 세존께서는 시하 대장군의 마음이 준비가 되고 마음이 부드러워지고 마음의 장애가 없어지고 마음이 고무되고 마음에 깨끗한 믿음이 생겼음을 아시게 되었을 때 부처님들께서 직접 얻으신 괴로움[苦]과 일어남[集]과 소멸[滅]과 도[道]라는 법의 가르침을 드러내셨다."

이와 같이 [시하 경]에서 붓다께서는 붓다에 대한 세간의 비난의 이유에 대한 시하 대장군의 질문에 대하여 나쁜 선하지 않은 일들을 하지 않는 [업]지음이 없음 법, 몸으로 말로 마음으로 좋은 행위를 하는 [업]지음의 법, 탐욕과 성냄과 어리석음을 끊는 것, 몸으로 말로 마음으로 짓는 나쁜 행위에 대한 혐오의 법, 탐욕과 성냄과 어리석음을 폐지하기 위한 법, 나쁜 불선법들에 대한 고행, 고통의 반복으로부터 벗어나기 위해 모태에 들지 못하도록 하는 법, 최고의 편안함으로 안식하기 위한 법 등의 예를 들며, 세간에서 비난하는 이유를 비난하는 자에 대한 비판없이 그들의 표현을 그대로 받아와 논리적으로 설명하신다.

이에 시하 대장군은 스스로의 판단에 의해 붓다께 귀의할 것을 이야기한다. 그러나 붓다께서는 시하 대장군에게 본인의 선택에 의하여 자신의 가고자하는 길(붓다에게 귀의하는 것)을 심사숙고하여 선택하게 하신다. 시하대장군 스스로가 자기결정에 의해 자신의 길을 선택하였을 때, 붓다께서도 시하 대장군의 상황에 맞는 설법을 하시고 스스로 깨달음을 얻게 하신다. 즉 보시의 가르침, 계의 가르침, 천상의 가르침, 감각적 욕망의 위험과 타락과 오염원, 출리에 대한 공덕을 실천하기 쉬운 법부터 차례로 밝혀주셨다. 또한 시하 대장군의 마음이 보다 더 심오한 진리를 받아들일 준비가 되었음을 아시게 되었을 때, 괴로움[苦]과 일어남[集]과 소멸[滅]과 도[道]라는 법의 가르침을 드러내셨고 이에 법의 눈[法眼]이 시하 대장군에게 생겼다.

해결중심 접근에서도 내담자를 여러 차원의 다양성(사회계층, 인종집단, 성별, 신체적 능력/ 장애, 성적 지향, 종교 등)과 개별성을 지닌 전인적 인격으로 바라 본다. 따라서 실천가는 각 내담자의 경험, 특성에 기반하여, 개별화된 해결방법을 발전시켜 나갈 수 있도록 원조한다. 나아가 대처방법에 대해서도 스스로 심사숙고하여 자기결정을 하도록 도우며, 이 자기결정에 따른 선택에 따라 점차적으로 작은 변화에서 큰 변화로 변화할 수 있도록 원조한다.

시하 경 (A8:12)

1. 한때 세존께서는 웨살리에서 큰 숲의 중각강당에 머무셨다. 그 무렵에 잘 알려진 많은 릿차위들이 집회소에 모여 앉아서 여러 가지 방법으로 부처님을 칭송하고 법을 칭송하고 승가를 칭송하고 있었다.

2. 그 때 니간타의 제자인 시하 대장군이 그 회중에 앉아 있었다. 시하 대장군에게 이런 생각이 들었다.

'의심할 여지가 없이 그분 세존은 아라한이고 정등각이실 것이다. 그래서 이들 잘 알려진 많은 릿차위들이 집회소에 모여 앉아서 여러 가지 방법으로 부처님을 칭송하고 법을 칭송하고 승가를 칭송한다. 그러므로 나는 그분 세존 아라한 정등각을 친견하러 가야겠다.'

3. 그때 시하 대장군은 니간타 나따뿟따에게 다가갔다. 가서는 나간타 나따뿟따에게 이렇게 말했다.

"존자시여 저는 사문 고따마를 친견하러 가고자 합니다."

"시하여 그대는 [업]지음을 말하는 자(도덕긍정론자)인데 왜 [업]지음 없음을 말하는 자(도덕부정론자)인 사문 고따마를 보러 가고자 하는 가? 시하여, 사문 고따마는 [업]지음 없음을 말하는 자라서 [업]지음 없음의 법을 설하고 그것으로 제자들을 인도한다."

그러자 세존을 친견하러 떠나려던 시하 대장군의 의도는 가라앉아버렸다.

4. 두 번째에도 잘 알려진 많은 릿차위들이 집회소에 모여 앉아서 여러 가지 방법으로 부처님을 칭송하고 법을 칭송하고 승가를 칭송하고 있었다.

두 번째에도 니간타의 제자인 시하 대장군이 그 회중에 앉아 있었다. 시하 대장군에게 이런 생각이 들었다.

'의심할 여지가 없이 그분 세존은 아라한이고 정등각이실 것이다. 그래서 이들 잘 알려진 많은 릿차위들이 집회소에 모여 앉아서 여러 가지 방법으로 부처님을 칭송하고 법을 칭송하고 승가를 칭송한다. 그러므로 나는 그분 세존 아라한 정등각을 친견하러 가야겠다.'

그때 시하 대장군은 니간타 나따뿟따에게 다가갔다. 가서는 나간타 나따뿟따에게 이렇게 말했다.

"존자시여 저는 사문 고따마를 친견하러 가고자 합니다."

"시하여 그대는 [업]지음을 말하는 자(도덕긍정론자)인데 왜 [업]지음 없음을 말하는 자(도덕부정론자)인 사문 고따마를 보러 가고자 하는 가? 시하여, 사문 고따마는 [업]지음 없음을 말하는 자라서 [업]지음 없음의 법을 설하고 그것으로 제자들을 인도한다."

그러자 세존을 친견하러 떠나려던 시하 대장군의 의도는 가라앉아버렸다.

5. 세 번째에도 잘 알려진 많은 릿차위들이 집회소에 모여 앉아서 여러 가지 방법으로 부처님을 칭송하고 법을 칭송하고 승가를 칭송하고 있었다.

세 번째에도 니간타의 제자인 시하 대장군이 그 회중에 앉아 있었다. 시하 대장군에게 이런 생각이 들었다.

'의심할 여지가 없이 그분 세존은 아라한이고 정등각이실 것이다. 그래서 이들 잘 알려진 많은 릿차위들이 집회소에 모여 앉아서 여러 가지 방법으로 부처님을 칭송하고 법을 칭송하고 승가를 칭송한다. 그런데 니간타들에게 허락을 청하건 청하지 않건 그들이 나를 어떻게 하겠는가? 그러니 나는 니간타들에게 허락을 청하지 않고 그분 세존 아라한 정등각을 친견하러 가야겠다.'

그때 시하 대장군은 세존을 친견하기 위해서 한낮에 오백 대의 마차를 준비하여 웨살리를 나갔다. 더 이상 마차로 갈 수 없는 곳에 이르자 마차에서 내린 뒤 걸어서 큰 숲으로 들어갔다. 시하 대장군은 세존께 다가갔다. 가서는 세존께 절을 올린 뒤 한 곁에 앉았다. 한 곁에 앉은 대장군 시하는 세존께 이렇게 말씀드렸다.

"세존이시여 저는 '사문 고따마는 [업]지음 없음을 말하는 자(도의 부정론자)자라서 [업]지음 없음의 법을 설하고 그것으로 제자들을 인도한다.'라고 들었습니다. 세존이시여 '사문 고따마는 [업]지음 없음을 말하는 자(도의 부정론자)자라서 [업]지음 없음의 법을 설하고 그것으로 제자들을 인도한다.'라고 말하는 자들은 세존께서 설하신 것을 반복한 것입니까? [세존께서 설하셨다고 전해진 이것을 반복하더라도] 어떤 사람도 나쁜 견해에 빠져 비난의 조건을 만나지 않겠습니까? 저는 세존을 비방하고 싶지 않습니다."

6. "시하여, 한 가지 이유가 있으니, 그 이유 때문에 나에게 대해 바르게 말하는 어떤 사람이 이렇게 말할지도 모른다. '사문 고따마는 [업]지음 없음을 말하는 자(도의 부정론자)자라서 [업]지음 없음의 법을 설하고 그것을 제자들을 인도한다'라고

"시하여, 한 가지 이유가 있으니, 그 이유 때문에 나에게 대해 바르게 말하는 어떤 사람이 이렇게 말할지도 모른다. '사문 고따마는 [업]지음을 하는 자(도덕긍정론자)자라서 [업]지음의 법을 설하고 그것으로 제자들을 인도한다'라고

"시하여, 한 가지 이유가 있으니, 그 이유 때문에 나에게 대해 바르게 말하는 어떤 사람이 이렇게 말할지도 모른다. '사문 고따마는 단멸을 말하는 자(단멸론자)자라서 단멸의 법을 설하고 그것으로 제자들을 인도한다'라고

"시하여, 한 가지 이유가 있으니, 그 이유 때문에 나에게 대해 바르게 말하는 어떤 사람이 이렇게 말할지도 모른다. '사문 고따마는 혐오를 느끼는 자라서 혐오의 법을 설하고 그것으로 제자들을 인도한다'라고

"시하여, 한 가지 이유가 있으니, 그 이유 때문에 나에게 대해 바르게 말하는 어떤 사람이 이렇게 말할지도 모른다. '사문 고따마는 폐지론자라서 폐지하기 위하여 법을 설하고 그것으로 제자들을 인도한다'라고

"시하여, 한 가지 이유가 있으니, 그 이유 때문에 나에게 대해 바르게 말하는 어떤 사람이 이렇게 말할지도 모른다. '사문 고따마는 고행자라서 고행의 법을 설하고 그것으로 제자들을 인도한다'라고

"시하여, 한 가지 이유가 있으니, 그 이유 때문에 나에게 대해 바르게 말하는 어떤 사람이 이렇게 말할지도 모른다. '사문 고따마는 모태에 들지 않은 자라서 모태에 들지 않게 하기 위해 법을 설하고 그것으로 제자들을 인도한다'라고

"시하여, 한 가지 이유가 있으니, 그 이유 때문에 나에게 대해 바르게 말하는 어떤 사람이 이렇게 말할지도 모른다. '사문 고따마는 편안한 자라서 안식(案息)을 위해 법을 설하고 그것으로 제자들을 인도한다'라고

7. "시하여, 어떤 이유가 있어, 그 때문에 나에 대해 바르게 말한 어떤 사람이 '사문 고따마는 [업]지음 없음을 말하는 자라서 [업]지음 없음의 법을 설하고 그것으로 제자들을 인도한다.' 라고 말할지도 모르겠는가?

시하여 나는 [업]지음 없음을 가르친다. 나는 몸으로 나쁜 행위를 저지르고 말로 나쁜 행위를 저지르고 마음으로 나쁜 행위를 저지르는 자에게 여러 가지 나쁜 불선법들을 짓지 말 것을 가르친다. 시하여, 이것이 그 이유이니 그 때문에 나에 대해 그 때문에 나에 대해 바르게 말한 어떤 사람이 '사문 고따마는 [업]지음 없음을 말하는 자라서 [업]지음 없음의 법을 설하고 그것으로 제자들을 인도한다.'라고 말할지도 모른다.

시하여 나는 [업]지음을 가르친다. 나는 몸으로 좋은 행위를 짓고 말로 좋은 행위를 짓고 마음으로 좋은 행위를 짓는 자에게 여러 가지 선법들을 지을 것을 가르친다. 시하여, 이것이 그 이유이니 그 때문에 나에 대해 그 때문에 나에 대해 바르게 말한 어떤 사람이 '사문 고따마는 [업]지음을 말하는 자라서 [업]지음의 법을 설하고 그것으로 제자들을 인도한다.'라고 말할지도 모른다.

"시하여, 어떤 이유가 있어, 그 때문에 나에 대해 바르게 말한 어떤 사람이 '사문 고따마는

단멸을 말하는 자라서 단멸의 법을 설하고 그것으로 제자들을 인도한다.'라고 말할지도 모르겠는가?

시하여 나는 탐욕과 성냄과 어리석음의 단멸을 가르친다. 나는 여러 가지 나쁜 불선법들을 단멸할 것을 가르친다. 시하여, 이것이 그 이유이니 그 때문에 나에 대해 바르게 말한 어떤 사람이 '사문 고따마는 단멸을 말하는 자라서 단멸의 법을 설하고 그것으로 제자들을 인도한다.'라고 말할지도 모른다.

"시하여, 어떤 이유가 있어, 그 때문에 나에 대해 바르게 말한 어떤 사람이 '사문 고따마는 혐오를 느끼는 자라서 혐오의 법을 설하고 그것으로 제자들을 인도한다.'라고 말할지도 모르겠는가?

시하여 나는 혐오하는 자이다, 나는 몸으로 짓는 나쁜 행위와 말로 짓는 나쁜 행위와 마음으로 짓는 나쁜 행위를 혐오하고, 여러 가지 나쁜 불선법들을 혐오한다. 시하여, 이것이 그 이유이니 그 때문에 나에 대해 바르게 말한 어떤 사람이 '사문 고따마는 혐오하는 자라서 혐오를 위해서 법을 설하고 그것으로 제자들을 인도한다.'라고 말할지도 모른다.

"시하여, 어떤 이유가 있어, 그 때문에 나에 대해 바르게 말한 어떤 사람이 '사문 고따마는 폐지론자라서 폐지하기 위하여 법을 설하고 그것으로 제자들을 인도한다.'라고 말할지도 모르겠는가?

시하여 나는 탐욕과 성냄과 어리석음을 폐지하기 위해서 법을 설한다. 나는 여러 가지 나쁜 불선법들을 폐지시키기 위하여 법을 설한다. 바라문이여, 이것이 그 이유이니 그 때문에 나에 대해 바르게 말한 어떤 사람이 '사문 고따마는 폐지론자여서 폐지하기 위하여 법을 설하고 그것으로 제자들을 인도한다.'라고 말할지도 모른다.

"시하여, 어떤 이유가 있어, 그 때문에 나에 대해 바르게 말한 어떤 사람이 '사문 고따마는 고행자라서 고행의 법을 설하고 그것으로 제자들을 인도한다.'라고 말할지도 모르겠는가?

시하여 나는 나쁜 불선법들에 대해서 고행할 것을 말한다. 몸으로 짓는 나쁜 행위와 말로 짓는 나쁜 행위와 마음으로 짓는 나쁜 행위에 대하여 고행할 것을 말한다. 고행을 통해서 나쁜 불선법들이 제거되고 그 뿌리가 잘리고 줄기만 남은 야자수처럼 되고, 멸절되고 미래에 다시는 일어나지 않게끔 된 자를 나는 고행자라고 말한다. 시하여 여래는 고행을 통해서 나쁜 불선법들을 제거하였고 그 뿌리를 잘라고 줄기만 남은 야자수처럼 만들었고, 멸절하였고 미래에 다시는 일어나지 않게끔 만들었다. 시하여, 이것이 그 이유이니 그 때문에 나에 대해 바르게 말한 어떤 사람이 '사문 고따마는 고행자라서 고행의 법을 설하고 그것으로 제자들을 인도한다.'라고 말할지도 모른다.

"시하여, 어떤 이유가 있어, 그 때문에 나에 대해 바르게 말한 어떤 사람이 '사문 고따마는 모태에 들지 않은 자라서 모태에 들지 않도록 하기 위해 법을 설하고 그것으로 제자들을 인도한다.'라고 말할지도 모르겠는가?

시하여 내생에 모태에 들어 다시 존재[再有]를 받아 태어남이 제거되고 그 뿌리가 잘리고 줄기만 남은 야자수처럼 되고 멸절되고 미래에 다시는 일어나지 않게끔 나는 모태에 들지 않는 자라고 말한다. 시하여, 여래는 내생에 모태에 들어 다시 존재[再有]를 받아 태어남을 제거하였고, 뿌리를 잘랐고 줄기만 남은 야자수처럼 만들었고, 멸절하였고 미래에 다시는 일어나지 않게끔 만들었다. 시하여, 이것이 그 이유이니 그 때문에 나에 대해 바르게 말한 어떤 사람이 '사문 고따마는 모태에 들지 않는 자라서 모태에 들지 못하도록 하기 위해 법을 설하고 그것으로 제자들을 인도한다.'라고 말할지도 모른다.

"시하여, 어떤 이유가 있어, 그 때문에 나에 대해 바르게 말한 어떤 사람이 '사문 고따마는 편안한 자라서 안식[安息]을 위해 법을 설하고 그것으로 제자들을 인도한다.'라고 말할지도 모르겠는가?

시하여 나는 편안한 자여서 최고의 편안함으로 안식을 위해 법을 설하고 이것으로 제자를 인도한다. 시하여, 이것이 그 이유이니 그 때문에 나에 대해 바르게 말한 어떤 사람이 '사문 고따마는 편안한 자라서 안식[安息]을 위해 법을 설하고 그것으로 제자들을 인도한다.'라고 말할지도 모른다."

8. 이렇게 말씀하시자, 시하 대장군은 세존께 이렇게 말씀드렸다.

"경이롭습니다. 세존이시여, 경이롭습니다. 세존이시여, 마치 넘어진 자를 일으켜 세우시듯, 덮여있는 것을 걷어내 보이시듯, [방향을] 잃어버린 자에게 길을 가리켜주시듯, 눈 있는 자 형상을 보라고 어둠속에서 등불을 비춰주시듯, 세존께서는 여러 가지 방편으로 법을 설해주셨습니다. 저는 이제 세존께 귀의하옵고 법과 비구승가에 귀의합니다. 세존께서는 저를 재가 신자로 받아주소서, 오늘부터 목숨이 붙어 있는 그날까지 귀의하옵니다."

"시하여, 심사숙고한 연후에 행하라. 그대와 같이 잘 알려진 사람은 심사숙고하는 것이 좋다."

"세존이시여, '시하여, 심사숙고한 연후에 행하라, 그대와 같이 잘 알려진 사람은 심사숙고하는 것이 좋다. 라는 세존의 이러한 [말씀]으로 저는 더욱더 마음이 흡족하고 기쁩니다. 세존이시여, 다른 외도들은 저를 제자로 얻은 뒤 '시하대장군은 우리의 제자가 되었다'라고 온 웨살리에 깃발을 들고 다닐 것입니다. 그런데도 세존께서는 제게 이렇게 말씀하십니다. '시하여, 심사숙고한 연후에 행하라, 그대와 같이 잘 알려진 사람은 심사숙고하는 것이 좋다. 라고 세존이시여, 이런 저는 두 번째로 세존께 귀의하옵고 법과 비구승가에 또한 귀의합니다. 저는 오늘부터 목숨이 붙어있는 그날까지 세존께 귀의합니다. 세존께서는 저를 재가 신자로 받아주소서,"

"시하여 그대의 가문은 오랜 세월 동안 니간타들을 위하여 준비된 우물물이었다. 그러니 그들이 오면 음식을 공양해야 한다고 생각해야 한다."

"세존이시여 '시하여 그대의 가문은 오랜 세월 동안 니간타들을 위하여 준비된 우물물이었다. 그러니 그들이 오면 음식을 공양해야 한다고 생각해야 한다."라는 세존의 이러하신 말씀으로 저는 더욱더 마음이 흡족하고 기쁩니다. 세존이시여, 저는 듣기를 '사문 고따마는 '내게만 보시를 해야 한다. 남의 제자들에게 보시하면 안된다. 내게 보시한 것은 큰 과보가 있다. 남들에게 보시한 것은 큰 과보가 없다. 내 제자들에게 보시한 것은 큰 과보가 있다. 남의 제자들에게 보시한 것은 큰 과보가 없다.'라고 말한다'고 들었습니다. 그러나 이제 세존께서는 제게 니간타들에게도 보시를 하게 하십니다. 세존이시여, 그런 때가 오면 저희들은 [무엇을 해야 할지]알 것입니다. 세존이시여, 이런 저는 세 번째로 세존께 귀의하옵고 법과 비구승가에 또한 귀의합니다. 저는 오늘부터 목숨이 붙어있는 그날까지 세존께 귀의합니다. 세존께서는 저를 재가 신자로 받아주소서."

9. 그러자 세존께서는 시하 대장군에게 순차적인 가르침을 설하셨다. 보시의 가르침, 계의 가르침, 천상의 가르침, 감각적 욕망의 위험과 타락과 오염원, 출리에 대한 공덕을 밝혀주셨다. 세존께서는 시하 대장군의 마음이 준비가 되고 마음이 부드러워지고 마음의 장애가 없어지고 마음이 고무되고 마음에 깨끗한 믿음이 생겼음을 아시게 되었을 때 부처님들께서 직접 얻으신 괴로움[苦]과 일어남[集]과 소멸[滅]과 도[道]라는 법의 가르침을 드러내셨다. 마치 얼룩이 없는 깨

끗한 천이 바르게 발 염색되는 것처럼, 그 자리에서 '일어나는 법은 그 무엇인가 그것은 모두 멸하기 마련인 법이다. [集法卽滅法]라는 티 없고 때가 없는 법의 눈[法眼]이 시하 대장군에 생겼다.

10. 시하 대장군은 법을 보았고 법을 읻있고 빕을 제득했고, 법을 간파했고 의심을 건넜고 혼란을 제거했고 무외를 얻었고 스승의 교법에서 남에게 의지하지 않게 되었다. 그는 세존께 이렇게 말씀드렸다.

"세존께서는 비구 승가와 함께 내일의 저의 공양을 허락하여 주십시오",

세존께서는 침묵으로 허락하셨다. 그러자 시하 대장군은 세존께서 침묵으로 허락하신 것을 알고서 자리에서 일어나 세존께 절을 올리고 오른쪽으로 [세 번] 돌아 [경의를 표한] 뒤에 물러갔다. 그리고는 시하 대장군은 어떤 사람을 불러 말했다. '여보게 이 사람아, 그대는 가서 신선한 생선이 있는지를 알아보라.'라고, 그런 다음 시하 대장군은 그 밤이 지나자 자신의 집에서 맛있는 여러 음식을 준비하게 하고 세존께 시간을 알려드리게 했다.

"세존이시여, 시하 대장군의 집에 음식이 준비되었습니다.'라고

11. 그때 세존께서는 오전에 옷매무새를 가다듬고 발우와 가사를 수하시고 비구 승가와 함께 시하 대장군의 집으로 가셨다. 가셔서는 비구 승가와 함께 마련된 자리에 앉으셨다.

그 무렵 많은 니간타들은 웨살리에서 이 골목 저 골목 이 거리 저 거리에서 팔을 마구 흔들면서 '오늘 시하 대장군이 크고 살찐 짐승들을 잡아서 사문 고따마를 위한 음식을 만들었다. 사문 고따마는 그것이 자신을 위하여 만들어진 것을 알면서도 자신 때문에 준비한 고기를 먹는다.'하면서 울부짖었다.

그러자 어떤 사람이 시하 대장군에게 다가갔다. 가서는 시하 대장군에 귓속말로 이 사실을 전했다.

"존자님, 지금 많은 니간타들이 웨살리에서 이 골목 저 골목 이 거리 저 거리에서 팔을 마구 흔들면서 '오늘 시하 대장군이 크고 살찐 짐승들을 잡아서 사문 고따마를 위한 음식을 만들었다. 사문 고따마는 그것이 자신을 위하여 만들어진 것을 알면서도 자신 때문에 준비한 고기를 먹는다.'하면서 울부짖고 있는 것을 아십니까?".

"여보게 그만하게나. 그 존자들은 오랜 세월동안 부처님을 비방하고 법을 비방하고 승가를 비방해왔지만 그 존자들은 근거 없고 헛되고 거짓이고 사실과 다른 그런 비방으로 세존을 해치지 못한다네, 그리고 우리는 목숨을 버릴지언정 고의로 살아있는 생명을 죽이지 않는다네."

12. 그때 시하 대장군은 부처님을 상수로 하는 비구 승가에게 딱딱하고 부드러운 여러 맛난 음식을 손수 대접하고 드시게 했다. 세존께서 공양을 마치시고 그릇에서 손을 떼시자 시하 대장군은 어떤 낮은 자리를 잡아서 한 곁에 앉았다. 그러자 세존께서는 시하 대장군에게 법을 설하시고 격려하시고 분발하게 하시고 기쁘게 하시고는 자리에서 일어나 떠나셨다.

대림스님 역(2013), 『앙굿따라 니까야 5』 초기불전연구원. pp.101-113.

13. 적당하지 않은 순간 경 (A8:29)

해결중심 접근에서는 내담자가 지금 이 순간, 현실에서 할 수 있는 것이 중요하다. 현실적인 목표란 내담자의 능력과 상황 안에서 달성 가능한 것을 말한다. 따라서 내담자가 특정한 상황이나 장소에서 달라졌으면 하는 것이 무엇인지 구체화하여 도와주면 목표를 좀 더 발전시킬 수 있다. 목표가 구체적이고 행동으로 옮길 수 있고, 실제로 그 효과를 보고 알 수 있도록 도와주면, 실천가는 물론 내담자도 자신이 만족스러운 해결방법을 향해 나아가고 있는지 확인 할 수 있다. 내담자 자신이 나아지고 있다는 것을 알았을 때 성공한 경험은 내담자에게 계속 더 노력하는 원동력이 된다. 이러한 것이 가능하게 하기 위해서는 내담자를 원조할 적당한 시기가 있으며, 자신이 원하는 변화를 이루려면 많은 노력이 필요하다는 것을 이야기 하여 주는 것이 필요하다(노혜련 · 허남순, 2015: 102-107 참고). 실천가는 내담자에게 "변화가 가능하고 주어진 상황에 좀 더 잘 대처할 방법이 있다는 희망과 비전"을 발견할 수 있도록 도와야 한다(Sheafor & Horesji, 2007:76, 노혜련 · 허남순, 2015: 315 참고).

[적당하지 않은 순간 경]에서 붓다는 청정범행을 수행하기에 가장 적당한 순간과 시기가 있다고 설하신다. 청정범행을 수행하기 가장 적당한 시기는 여래가 세상에 출현하고 우리가 인간으로 태어난 시기라고 하신다. 인간은 본 것을 보지 못하고, 듣는 것을 듣지 못하는 자들이 아니어서 법이 잘 설해진 것인지 잘못 설해진 것인지 그 뜻을 잘 아는 능력이 있으므로 지금 현재가 청정범행을 닦을 가장 적당한 시기라고 설하신다.

> "비구들이여, 여기 여래가 세상에 출현한다. 그는 아라한이고, 바르게 깨달았고, 영지와 실천을 구족했고, 피안으로 잘 갔고, 세상을 잘 알고, 가장 높고, 사람을 잘 길들이고, 신과 인간의 스승이고, 부처님, 세존이다. 그는 [오염원들을] 고요하게 하고, [오염원들을] 완전히 소멸시키고, 바른 깨달음으로 인도하며, 선서에 의해서 체득된 [네 가지 성스러운 진리의] 법을 설한다. 그리고 이 사람은 지역의 중심에 태어난다. 그는 지혜를 가졌고, 바보가 아니고 귀머거리도 벙어리도 아니어서 잘 설해진 것인지 잘못 설해진 것인지 그 뜻을 잘 아는 능력이 있다. 비구들이여, 이 것이 청정범행을 닦기에 적당한 단 하나의 순간과 하나의 시기이다."

이와 같이 [적당하지 않은 순간 경]은 정법이 잘 설해지는 여래가 세상에 출현하였고 인간으로 태어난 시기가 청정범행을 수행할 가장 적절한 시기라 설하신다. 여래들은 세상에 드물게 태어나며 친견하기도 어려우므로 인간으로 태어났을 때, 정법의 가르침이 있을 때 번영을 원하는 사람은 정진해야 한다고 설하신다.

인간으로 태어나는 것 자체가 어려운 일이므로, 해결중심 접근에 따르면 인간으로 태어난 것 자체가 이미 인간이 가진 강점이며, 여래가 세상에 출현한 지금 이 시기가 가장 적당한 시기로, 이미 내담자인 인간 안에 강점이 구족되었다는 것이다. 따라서 정법에 따라 정진한 자들은 바른 시기를 알고, 도를 닦음으로서 윤회를 끊어버리고 번뇌를 다하여 세상의 피안에 이른다고 비전을 설하신다.

해결중심 접근에서도 내담자가 지금이 자신이 변화하여 할 가장 중요한 시기라는 것을 깨닫고 지금 여기에서 할 수 있는 것을 찾아 자신의 변화를 위해 노력하도록 실천가는 돕는다. 따라서 실천가는 내담자의 잠재적 성향을 믿고 현재 여기서 할 수 있는 내담자의 변화가능성의 단서에 주목하고 그 변화가 긍정적 변화가 되도록 지원해야 한다.

적당하지 않은 순간 경(A8:29)

1. "비구들이여, '세상만사 적당한 순간이 있다. 세상만사 적당한 순간이 있다.'라고 배우지 못한 범부는 말한다. 그러나 그는 적당한 순간과 적당하지 않은 순간을 알지 못한다. 비구들이여, 청정범행을 닦는 데에 여덟 가지 적당하지 않은 순간과 적당하지 않은 시기가 있다. 무엇이 여덟인가?".

2. "비구들이여, 여래가 세상에 출현한다. 그는 아라한이고, 바르게 깨달았고, 영지와 실천을

구족했고, 피안으로 잘 갔고, 세상을 잘 알고, 가장 높고, 사람을 잘 길들이고, 신과 인간의 스승이고, 부처님, 세존이다. 그는 [오염원들을] 고요하게 하고, [오염원들을] 완전히 소멸시키고, 바른 깨달음으로 인도하며, 선서에 의하여 체득된 [네 가지 성스러운 진리의] 법을 설한다. 그러나 이 사람은 지옥에 태어나 있다. 이것이 청정범행을 닦는 데에 첫 번째 적당하지 않은 순간이고 적당하지 않은 시기이다."

3. "다시 비구들이여, 여래가 세상에 출현한다. 그는 아라한이고, 바르게 깨달았고, 영지와 실천을 구족했고, 피안으로 잘 갔고, 세상을 잘 알고, 가장 높고, 사람을 잘 길들이고, 신과 인간의 스승이고, 부처님, 세존이다. 그는 [오염원들을] 고요하게 하고, [오염원들을] 완전히 소멸시키고, 바른 깨달음으로 인도하며, 선서에 의하여 체득된 [네 가지 성스러운 진리의] 법을 설한다. 그러나 이 사람은 축생계에 태어나 있다. 이것이 청정범행을 닦는 데에 두 번째 적당하지 않은 순간이고 적당하지 않은 시기이다."

다시 비구들이여, 여래가 세상에 출현한다. 그는 아라한이고 ……, [네 가지 성스러운 진리의] 법을 설한다. 그러나 이 사람은 아귀계에 태어나 있다. 이것이 청정범행을 닦는 데에 세 번째 적당하지 않은 순간이고 적당하지 않은 시기이다."

다시 비구들이여, 여래가 세상에 출현한다. 그는 아라한이고 …… , [네 가지 성스러운 진리의] 법을 설한다. 그러나 이 사람은 어떤 긴 수명을 가진 신들의 무리에 태어나 있다. 이것이 청정범행을 닦는 데에 네 번째 적당하지 않은 순간이고 적당하지 않은 시기이다."

다시 비구들이여, 여래가 세상에 출현한다. 그는 아라한이고 …… , [네 가지 성스러운 진리의] 법을 설한다. 그러나 이 사람은 비구와 비구니와 청신사와 청신녀가 가지 않은 변방에서 무지몽매한 멸려차들 가운데 태어나 있다. 이것이 청정범행을 닦는 데에 다섯 번째 적당하지 않은 순간이고 적당하지 않은 시기이다."

다시 비구들이여, 여래가 세상에 출현한다. 그는 아라한이고 …… , [네 가지 성스러운 진리의] 법을 설한다. 그러나 이 사람은 지역의 중심에 태어난다. 그러나 그는 삿된 견해를 가졌고 전도된 견을 가져서 '보시한 것도 없고 바친 것도 없고 제사(헌공)한 것도 없다. 선업과 악업에 대한 결실도 없고 과보도 없다. 이 세상도 없고, 저 세상도 없다. 어머니도 없고 아버지도 없다. 화생하는 중생도 없고 이 세상과 저 세상을 스스로 최상의 지혜로 실현하여 그 세상을 선언하는, 바르게 살고 바르게 도 닦는 사문 · 바라문들도 이 세상에는 없다.'라고 말한다. 이것이 청정범행을 닦는 데에 여섯 번째 적당하지 않은 순간이고 적당하지 않은 시기이다."

다시 비구들이여, 여래가 세상에 출현한다. 그는 아라한이고 …… , [네 가지 성스러운 진리의] 법을 설한다. 그러나 이 사람은 지역의 중심에 태어난다. 그러나 그는 통찰지가 없고 바보고 귀머거리와 벙어리여서 잘 설해진 것인지 잘못 설해진 것인지 그 뜻을 잘 아는 능력이 없다. 이것이 청정범행을 닦는 데에 일곱 번째 적당하지 않은 순간이고 적당하지 않은 시기이다."

4. "다시 비구들이여, 여래고, 아라한이고, 바르게 깨달았고, 영지와 실천을 구족했고, 피안으로 잘 갔고, 세상을 잘 알고, 가장 높고, 사람을 잘 길들이고, 신과 인간의 스승이고, 부처님, 세존이다. 그는 [오염원들을] 고요하게 하고, [오염원들을] 완전히 소멸시키고, 바른 깨달음으로 인도하며, 선서에 의해서 체득된 [네 가지 성스러운 진리의] 법을 설하지 않는다. 그러나 이 사람은 지역의 중심에 태어난다. 그는 지혜를 가졌고, 바보가 아니고 귀머거리도 벙어리도 아니어서 잘 설해진 것인지 잘못 설해진 것인지 그 뜻을 잘 아는 능력이 있다. 이것이 청정범행을 닦는 데에 여덟 번째 적당하지 않은 순간이고 적당하지 않은 시기이다."

비구들이여, 청정범행을 닦는 데 이러한 여덟 가지 적당하지 않은 순간과 적당하지 않은 시기가 있다."

6. "비구들이여, 여기 여래가 세상에 출현한다. 그는 아라한이고, 바르게 깨달았고, 영지와 실천을 구족했고, 피안으로 잘 갔고, 세상을 잘 알고, 가장 높고, 사람을 잘 길들이고, 신과 인간의 스승이고, 부처님, 세존이다. 그는 [오염원들을] 고요하게 하고, [오염원들을] 완전히 소멸시키고, 바른 깨달음으로 인도하며, 선서에 의해서 체득된 [네 가지 성스러운 진리의] 법을 설한다. 그리고 이 사람은 지역의 중심에 태어난다. 그는 지혜를 가졌고, 바보가 아니고 귀머거리도 벙어리도 아니어서 잘 설해진 것인지 잘못 설해진 것인지 그 뜻을 잘 아는 능력이 있다. 비구들이여, 이것이 청정범행을 닦기에 적당한 단 하나의 순간과 하나의 시기이다."

7. "정법이 잘 설해질 때 인간으로 태어났지만
때를 얻지 못한 자들은 그 때를 놓쳐버렸나니

부적절한 시기는 인간에게 크나큰 장애라고 말하노라.
여래들은 참으로 드물게 세상에 태어나니
그들을 친견하기란 세상에서 참으로 만나기 어렵다.
그러므로 인간으로 태어남을 얻었고
정법의 가르침이 있을 때
번영을 원하는 사람은 거기서 정진해야 하리.
어떻게 정법을 알고서도 그 시기를
그냥 보내버린단 말인가?
바른 시기를 놓쳐버린 자들은 지옥에 태어나서 슬퍼하리.
여기서 정법의 확실성을 잃어버린 자는
상인이 이익을 놓쳐버리고
오래도록 괴로워하는 것과 같도다.
무명에 가린 사람은 정법으로부터 멀어지나니
오랫동안 나고 죽는 윤회를 달게 받는다.
정법이 잘 설해질 때 인간으로 태어나서
스승의 가르침대로 행했고 행할 것이고 행하는 자들은
세상에서 위없는 청정범행을 닦을 바른 시기를 꿰뚫었노라.
여래가 선언한 도를 닦고
눈을 가진 태양의 후예가 설한 대로 단속하고
제어하고 항상 마음챙기고
[욕망]이 새어나오지 않게 하며
마라의 영역이라 불리는 윤회로 나아감을 끊어버리고
번뇌 다함을 얻은 자는 세상의 피안에 이르렀노라."

대림스님 역(2013), 『앙굿따라 니까야 5』 초기불전연구원. pp.162-167.

14. 두려움 경 (A8:56)

해결중심 접근에서는 모든 사람은 태어날 때부터 삶의 힘과 에너지 그리고 변화의 능력을 가지고 있으며, 변화의 본질이라고 할 수 있는 그러한 힘과 능력은 개인과 사회를 변화시킬 수 있다고 강조한다(솔루션센터 2006: 14). 따라서 내담자가 비록 병리적 상태에 있을지라도 그러한 힘을 갖고 있다는 데 주목한다.

Saleeby(2007)는 해결중심 접근에서 다루고 있는 '내담자의 역량강화' 란 내담자 개인과 집단, 가족, 지역사회와 주변에 있는 자원과 도구를 발견하고, 활용하게 도우려는 의지와 과정을 의미한다고 했다(노혜련·허남순 역, 2015: 12). 이는 내담자의 문제 해결을 위해 문제의 원인을 해소하고자 하는 문제중심 접근법과 명백히 대조를 이룬다.

[두려움 경]에서 붓다는 감각적 욕망을 두려움, 괴로움, 병, 종기, 쇠살, 결박, 흙탕, 모태에 듦으로 비유하였다. 감각적 욕망에 빠지고 탐욕에 옭매어 벗어나지 못하면 금생에서나 내생에서도 두려움, 괴로움, 병, 종기, 쇠살, 결박, 흙탕, 모태에 듦으로 비유되는 '고통'의 상태를 되풀이 하고 벗어나지 못하게 된다고 설하신다.

그러나 근면하고, 분명히 알아차림을 소홀히 하지 않으면 이 고통의 되풀이에서 벗어날 수 있다고 해결 가능한 방법을 알려주신다. 이러한 경전의 내용은 전통적인 불교학적 시각으로 해석하면 고통이 반복되는 윤회의 원인을 지적하고, 그 원인을 버림으로써 결과가 될 고통의 되풀이함에서도 벗어난다는 문제중심 접근으로 이해될 수 있다. 그러나 현대사회에서의 실천적 활용을 위한 철학적 혹은 방법론적 가능성을 위해 달리 읽어볼 수 있는 여지가 있다. 특히 근자의 초기불교 교학에 따른 위빳사나 수행론의 시각으로 읽어본다면, 다음과 같이 해결 중심 접근 방법과 일맥상통하는 지점을 찾을 수 있다.

'근면하고 분명히 알아차림을 소홀히 하지 않는다'는 것은 문제가 되어있는 상태의 원인에 집중하는 것이 아니라 '지금'이라는 순간으로 관심을 돌리고, 지금 이 순간순간에 무슨 일이 자신의 몸과 마음에서 일어나고 있는지 정신 차리고 인지하는, 내담자가 어떠한 상태일지라도 할 수 있는 '알아차림'이라는 작은 시도로 이끄는 것이다. 이 작은 시도는 그러나 '근면하게' 지속할 경우, 두려움, 괴로움, 병, 종기, 쇠살, 결박, 흙탕, 모태에 듦이라는 문제에서 벗어나 '해결'로 나아가도록 돕는다.

'알아차림'이라는 인지능력은 사실 사람이라면 누구나 갖고 있는 내적 자원에 속한다. 내담자가 아무리 병리적 상태 혹은 문제 상황에 처했을지라도, 아무런 다른 조건의 전환 없이도 당장 할 수 있는 '가능한 일'이다. 해결중심 실천가가 이러한 내담자의 내적 자원을 충분히 주목하고, 격려하여 내담자 스스로 자신의 내적 자원을 경험하게 함으로써 스스로에 대한 역량을 작게라도 확신하고, 이 강화된 역량을 발판 삼아 스스로가 빠져 있는 문제 상황을 헤치고 나오는 '해결'의 과정을 '스스로' 걷기 시작하는 것이다.

이 '알아차림'을 통해 스스로의 역량이 강화된 내담자는 과거 문제 상황 속에서도 이미 문제에서 벗어났던 예외 상황이 있었음을 볼 수도 있고, 문제에 대한 스스로의 재해석이 이루어지기도 하며, 혹은 문제 상황을 벗어난 미래를 그려볼 수도 있는 전환이 일어날 여지를 갖게 된다. 이처럼 해결중심 실천가는 내담자의 마음이 스스로 전환될 수 있도록 강점과 예외상황에 초점을 두고 질문하고, 이에 기반한 메시지를 전달함으로써 격려하고 칭찬하며 섬세하게 내담자를 돕는다.

해결중심 접근에서 실천가는 면접 마지막에 피드백을 내담자에게 전하는데, 내담자가 즐겨 쓰는 말이나 표현을 사용하여 단순하고 솔직하게 전하고, 내담자가 해결로 나아가는 데 도움 되는 경험과 상황에 초점을 맞춰 피드백을 하면 된다(노혜련 · 허남순, 2015: 161-162).

> "두려움, 괴로움, 병, 종기, 쇠살, 결박, 흙탕, 모태 이는 모두 감각적 욕망을 일컫나니 여기에 집착하는 중생은 감각적인 행복에 푹 빠져 다시 모태에 들도다. 그러나 비구가 근면하고 분명히 알아차림을 소홀히 하지 않을 때 건너기 어려운 이 늪을 건너서 태어남과 늙음에 빠져 떨고 있는 사람들을 굽어보도다."

이 부분은 해결중심 접근의 마지막 메시지 전달에 해당한다고 볼 수 있다. 붓다는 감각적 욕망에 집착하면 두려움, 괴로움, 질병, 종기, 화살, 애착, 진흙, 모태에 들게 된다고 하였다. 그러면서 근면하고 알아차림을 챙길 때, 비로소 내담자 자신이 지나온 길을 사고의 전환이라는 강화된 역량으로서 내담자 스스로 볼 수 있게 피드백을 전달하고 있는 것이다.

두려움 경 (A8:56)

1. "비구들이여, 두려움이라는 것은 감각적 욕망들을 일컫는 말이다. 비구들이여, 괴로움이라는 것은 감각적 욕망들을 일컫는 말이다. 비구들이여, 병이라는 것은 감각적 욕망들을 일컫는 말이다. 비구들이여, 종기라는 것은 감각적 욕망들을 일컫는 말이다. 비구들이여. 쇠살이라는 것은 감각적 욕망들을 일컫는 말이다. 비구들이여, 결박이라는 것은 감각적 욕망들을 일컫는 말이다. 비구들이여, 흙탕이라는 것은 감각적 욕망들을 일컫는 말이다. 비구들이여, 모태[에 듦]이라는 것은 감각적 욕망들을 일컫는 말이다."

2. "비구들이여, 그러면 왜 두려움이라는 것은 감각적 욕망들을 일컫는 말인가? 비구들이여, 감각적 욕망에 빠지고 욕탐에 묶인 사람들은 금생에도 두려움으로부터 벗어나지 못하고, 내생에도 두려움으로부터 벗어나지 못한다. 그러므로 두려움이라는 것은 감각적 욕망들을 일컫는 말이다."

3. "비구들이여, 그러면 왜 괴로움이라는 것은 …… 병이라는 것은 …… 종기라는 것은 …… 쇠살이라는 것은 …… 결박이라는 것은 …… 흙탕이라는 것은 …… 모태[에 듦]이라는 것은 감각적 욕망들을 일컫는 말인가? 비구들이여, 감각적 욕망에 빠지고 욕탐에 묶인 사람들은 금생에도 모태[에 듦]으로부터 벗어나지 못하고, 내생에도 모태[에 듦]으로 부터 벗어나지 못한다. 그러므로 모태[에 듦]이라는 것은 감각적 욕망들을 일컫는 말이다."

4. "두려움, 괴로움, 병, 종기, 쇠살, 결박, 흙탕, 모태 이는 모두 감각적 욕망을 일컫나니 여기에 집착하는 중생은 감각적인 행복에 푹 빠져 다시 모태에 들도다. 그러나 비구가 근면하고 분명히 알아차림을 소홀히 하지 않을 때 건너기 어려운 이 늪을 건너서 태어남과 늙음에 빠져 떨고 있는 사람들을 굽어보도다."

대림스님 역(2013), 『앙굿따라 니까야 5』 초기불전연구원. pp.262-263.

15. 안거를 마침 경 (A9:11)

Saleebey(2006)는 모든 내담자가 강점을 갖고 있고, 자기 약점에 대처해 온 과정에서 생긴 능력 등 거의 모든 것이 강점이 될 수 있다고 말한다. Sheafor & Horejsi(2007: 76)는 내담자의 능력과 잠재력이야말로 변화를 만들어 내는 데 가장 중요하고 도움이 되는 것이라고 했다. 해결중심 접근은 내담자의 실패와 결함보다는 능력과 열망에 초점을 두고, 내담자가 원하는 것에 주목하고, 그들의 강점을 활용하여 긍정적으로 그들의 삶을 변화하는 것을 돕는다. 실천가는 내담자가 이미 가지고 있는 강점에 초점을 맞추고 내담자에 대한 넓고 다양한 관점을 유지하면서 내담자 자신의 강점을 확대 활용하는 것을 돕는다.

인간은 개인적으로 갖는 흥미와 강점에 기초하여 발전하고 성장한다. 사람들은 보통 잘 하지 못하는 것은 피하고 대신에 자신이 잘 할 수 있는 것에 시간을 사용하고 그것에 의미를 둔다(솔루션센터 2006: 13-14).

[안거를 마침 경]은 우안거 해제 후 어떤 비구가 붓다를 찾아가서 사리뿟따가 자신에게 모욕을 주고 용서를 구하지도 않고 만행을 떠난다는 모함을 한다. 붓다는 사리뿟따를 불러 사실 확인을 하면서 경의 내용이 시작된다. 이에 사리뿟따는 어떤 비구의 모함에 대해 마음챙김을 확립하지 못한 자는 다른 동료 수행자에게 모욕을 주고 용서를 구하지 않고 만행을 떠날 것이지만, [그러나 저는 그렇지 않습니다]라는 말로 스스로를 변호한다.

해결중심 접근 기본원리의 전제는 내담자가 이미 문제해결을 위한 자원을 가지고 있고, 문제해결 능력을 갖고 있다는 점에 주목하는 것이다. 일반적으로 내담자는 스스로 안에 이미 갖고 있는 강점이나 이미 있는 자원들, 또는 예외적인 상황들을 스스로 보지 못한다.

이때 실천가는 내담자와 대화를 하면서 내담자 안에 이미 있는 강점에 주목하고 그것들을 내담자 스스로 발견할 수 있도록 함께 고민한다. 내담자가 자신이 가지고 있는 강점이란 자원을 미처 보지 못할 경우, 해결중심 실천가는 대화를 통해 내담자로 하여금 자신이 이미 가지고 있는 강점과 자원에 주목하여 지금 현재 할 수 있는 것이 무엇인지 스스로 인지하고 실천할 수 있도록 돕는다.

[안거를 마침 경]에서 사리뿟따는 지금껏 스스로 어떻게 살아 왔는지 자신의 청정범행에 대해 이야기하고 있고, 자신의 총명함과 지혜의 근원이 무엇인지도 설명하고 있다.

해결중심 접근에서 주목해야 할 점은 사리뿟다가 스스로의 강점을 잘 인지하고 있다는 것이다. 상대가 시기하고 욕하고 부당하게 모함을 해도, 땅처럼, 지수화풍처럼 풍만하고 광대하고 무량하고 원한 없고 고통 없는 마음으로 살았음을 강조하고 있다. 섭수하는 마음으로 살았기 때문에 누구에 대해서도 화를 내지 않았고, 잘못도 하지 않았고, 마음챙김을 하며 살았다고 말한다. 일상적인 모든 것이 스스로의 수행력이기에 자신의 강점으로 이미 내재화되어 있고, 충분히 인지하고 있는 것이다.

그러나 실천현장에서 만나는 대부분의 내담자는 사리뿟다처럼 강점이라 말할 만한 내용으로 일상을 영위하고 있지 않고 오히려 약점 문제 상황 속에 있는 경우가 많다. 그렇기에 자신에게 강점이 있다고 생각하기 어렵고, 있다 해도 인지하고 있거나 찾아내기 어려워한다. 그럼에도 불구하고 현재 상황 속에서 이미 내재되어 있는 자원들이라든가 강점이라든가 예외상황 등을 스스로 찾을 수 있도록 도움을 주는 것이 실천가의 역할이다. 해결중심 실천가는 어떠한 문제 상황 속의 내담자라 할지라도 그 문제 상황을 견뎌 지금에 이른 그 사실 자체를 강점으로 빛을 비추어 내담자가 스스로에게 내재된 강점이 있다는 사실을 인지하도록 돕는다.

이렇게 스스로의 강점에 대해 인지하고 강점이 강화되는 인식과정을 거치면 내담자는 문제 상황에 매몰되어 있던 스스로를 새롭게 볼 수 있고, 문제 상황이라고 보았던 과거에 이미 존재했던 예외 상황들을 볼 수 있는 마음의 여지가 생긴다. 실천가는 예외 질문을 통해 내담자 스스로 문제 상황 속에서 보아오던 중심 내용을 바꿔 볼 수 있는 전환을 이루게 돕고, 내담자는 이러한 전환을 통해 다시 강화된 역량으로 문제 상황이 아닌 희망 상황을 그려볼 수 있는 마음의 여지를 갖게 된다. 해결중심 실천가는 다시 기적질문 등을 통해 내담자가 전환된 마음의 여지를 실질적인 희망 내용으로 연결할 수 있도록 돕는다.

물론 과정은 순차적이지만은 않다. 내담자 스스로의 마음의 흐름을 따라 스스로 적절한 때에 전환과 역량 강화가 이루어지도록 실천가는 세심한 관찰과 질문으로 도울 뿐이다. 왜냐하면 내담자야말로 내담자 자신의 삶의 전문가이기 때문이다. 자기 삶의 수많은 세세한 사건과 의미들의 경중을 직접 알고 있는 내담자야말로 지금의 문제 상황을 스스로에게 가장 적절하게 해결해나갈 수 있는 전문가이지만, 다만 문제 상황 속에 매몰되어서 해결의 방향타를 잡지 못하고 있는 것이 내담자와 해결중심 실천가가 만나는 현장인 것이다. 따라서 실천가가 이러한 점을 확신하고 내담자 스스로 문제를 해결해 나가도록 적절하고 능숙하게 도울 수 있다면, 내담자는 자기 삶의 전문가로서 문제를 스스로 해결하게 되는 힘을 기르게 되는 것이다. 마치 사리뿟다가 모함과 비난에 처한 문제 상황 속에서도 흔들리지 않고 스스로의 강점을 확신하고, 자기변론을 통해 강점 강화를 하는 것처럼, 내담자는 자기 삶의 전문가인 것이다.

> "세존이시여, 저는 잘못을 범했습니다. 세존이시여, 제가 어리석고 미혹하고 나빠서 사실이 아니고 헛된 거짓말을 하여 사리뿟따 존자를 비방했습니다. 세존이시여, 세존께서는 제가 미래에 다시 이와 같은 잘못을 범하지 않고 제 자신을 단속할 수 있도록 제 잘못에 대한 참회를 섭수해 주소서."

이 단락에서는 어떤 비구의 강점이 드러나고 있다. 그는 [안거를 마침 경] 시작 부분에서 사리뿟따를 모함하지만, 사리뿟따의 청정범행을 듣고, 거짓으로 비방했음을 인정하고, 어리석은 행동을 크게 뉘우치며, 정중하게 사과하고 용서를 구하고 있다. 앞으로 자신을 잘 단속할 수 있도록 그동안의 잘못을 참회하니 받아 달라고 한다. 이는 곧 어떤 비구의 강점이라 할 수 있다. 많은 사람들이 자신의 실수에 대한 잘못을 알면서도 그것을 인정하지 않으려 하는 경향이 있다. 그러나 어떤 비구는 망설임 없이 정중한 사과와 용서를 구하고 있다.

> "비구여, 참으로 그대는 잘못을 범했다. 그대는 어리석고 미혹하고 나빠서 사실이 아니고 헛되고 거짓말을 하여 사리뿟따 존자를 비방했다. 비구여, 그러나 그대는 잘못을 범한 것을 범했다고 인정하고 법답게 참회를 했다. 그러므로 우리는 그대를 받아들인다. 비구여, 잘못을 범한 것을 범했다고 인정한 다음 법답게 참회하고 미래에 [그러한 잘못을] 단속하는 자는 성스러운 율에서 향상하기 때문이다."

붓다는 어떤 비구가 잘못을 잘못으로 알아차림하고 참회함으로써 미래를 수호한 것은 계율에서의 성장이기 때문이라면서 그의 강점에 주목하고 동의하며 칭찬을 한다.

해결중심 접근에서의 칭찬은 상담이 끝난 후 실천가가 내담자에게 짤막하게 전달하는 것으로 '메시지 전달'에 해당한다. 실천가는 내담자가 자신의 장점과 성공적 경험에 대해 확신할 수 있도록 격려하고 해결중심적 사고를 가질 수 있도록 돕는다.

어떤 비구는 잘못을 범한 것을 범했다고 인정하고 참회하는 강점을 가졌고, 이러한 어떤 비구의 강점을 찾아낸 붓다는 칭찬이라는 메시지를 주고 있는 것이다.

> "세존이시여, 만일 저 존자가 제게 '저를 용서해 주십시오.'라고 말하면 저는 저 존자를 용서합니다."

이 마지막 부분은 해결중심적 접근에서 중요한 대목으로 주목할 수 있다. 내담자가 스스로 인지하고 용서를 구하자, 사리뿟따는 바로 수용함으로서 서로의 불편함을 해결하고 원만한 관계로 전환한다.

[안거를 마침 경]에서처럼, 내담자가 현실을 직시하여 분명하게 알아차림을 인식 할 때 그것에 대한 수용이 이루어지지만, 인지하지 못하고 마음이 준비되지 않을 경우에는 정중한 사과와 수용이 이루어지지 않을 것이다. 붓다가 용서하라고 해서 용서하는 것이 아니라, 사리뿟따 자신이 갖고 있는 강점으로 어떤

비구의 모함을 여여하게 수용할 수 있는 것이고, 어떤 비구는 스스로의 강점으로 참회하고 관계를 회복하고 있는 것이다.

결국 해결중심 실천현장에서는 내담자가 스스로 갖고 있는 강점을 인지하고 결심하고 실행에 옮겼을 때, 비로소 내담자 스스로 해결하고자 하는 문제를 해결해 나가게 되는 것이다.

안거를 마침 경 (A9:11)

1. 한때 세존께서는 사왓티에서 제따 숲의 급고독원에 머무셨다. 그때 사리뿟따 존자가 세존께 다가갔다. 가서는 세존께 절을 올리고 한 곁에 앉았다. 한 곁에 앉아서 사리뿟따 존자는 세존께 이렇게 말씀드렸다.

"세존이시여, 저는 사왓티에서 안거를 마쳤습니다. 세존이시여, 저는 지방으로 만행을 떠나고자 합니다." "사리뿟따여, 지금이 적당한 시간이라면 그렇게 하라."

그때 사리뿟따 존자는 자리에서 일어나 세존께 절을 올리고 오른쪽으로 [세 번] 돌아 [경의를 표한] 뒤에 떠났다.

2. 사리뿟따 존자가 떠난 지 오래지 않아서 어떤 비구가 세존께 이렇게 말씀드렸다.

"세존이시여, 사리뿟따 존자는 저에게 모욕을 주고 용서를 구하지 않고 만행을 떠나려고 합니다." 그러자 세존께서는 어떤 다른 비구를 불러서 말씀하셨다.

"오라, 비구여. 그대는 내 이름으로 사리뿟따를 불러오라. '도반 사리뿟따여, 스승께서 그대를 부르십니다.'라고." "그렇게 하겠습니다, 세존이시여."라고 그 비구는 세존께 대답한 뒤 사리뿟따 존자에게 다가갔다. 가서는 사리뿟따 존자에게 이렇게 말했다.

"도반 사리뿟따여, 스승께서 그대를 부르십니다." "알겠습니다, 도반이여."라고 사리뿟따 존자는 그 비구에게 대답했다.

그 무렵에 마하목갈라나 존자와 아난다 존자는 승원의 열쇠를 가지고 이 승원에서 저 승원으로 찾아다니면서 말했다.

"존자들은 나오십시오. 존자들은 나오십시오. 지금 사리뿟따 존자가 세존의 면전에서 사자후를 토할 것입니다."라고.

3. 그때 사리뿟따 존자는 세존께 찾아갔다. 가서는 세존께 절을 올리고 한 곁에 앉았다. 한 곁에 앉은 사리뿟따 존자에게 세존께서는 이렇게 말씀하셨다.

"사리뿟따여, 여기 어떤 동료 수행자가 그대에 대해서 '세존이시여, 사리뿟따 존자는 저에게 모욕을 주고 용서를 구하지 않고 만행을 떠나려고 합니다.'라고 불만을 가지고 있다."

4. "세존이시여, 참으로 몸에서 몸에 대한 마음챙김를 확립하지 못한 자는 다른 동료 수행자에게 모욕을 주고 용서를 구하지 않고 만행을 떠날 것입니다. [그러나 저는 그렇지 않습니다.]

세존이시여, 예를 들면 그들이 땅에 깨끗한 것을 던지기도 하고 더러운 것을 던지기도 하고 똥을 누기도 하고 오줌을 누기도 하고 침을 뱉기도 하고 고름을 짜서 버리기도 하고 피를 흘리기도 하지만 땅은 그 때문에 놀라지도 않고 주눅 들지도 않고 넌더리치지도 않듯이, 세존이시여, 그와 마찬가지로 저는 땅과 같이 풍만하고 광대하고 무량하고 원한 없고 고통 없는 마음으로 머뭅니다. 세존이시여, 참으로 몸에서 몸에 대한 사띠를 확립하지 못한 자는 다른 동료 수행자에게 모욕을 주고 용서를 구하지 않고 만행을 떠날 것입니다. [그러나 저는 그렇지 않습니다.]

세존이시여, 예를 들면 그들이 물에 깨끗한 것을 씻기도 하고 더러운 것을 씻기도 하고 똥을 씻기도 하고 오줌을 씻기도 하고 침을 씻기도 하고 고름을 씻기도 하고 피를 씻기도 하지만 물은 그 때문에 놀라지도 않고 주눅 들지도 않고 넌더리치지도 않듯이, 세존이시여, 그와 마찬가지로 저는 물과 같이 풍만하고 광대하고 무량하고 원한 없고 고통 없는 마음으로 머뭅니다. 세존이시여, 참으로 몸에서 몸에 대한 사띠를 확립하지 못한 자는 다른 동료 수행자에게 모욕을 주고 용서를 구하지 않고 만행을 떠날 것입니다. [그러나 저는 그렇지 않습니다.]

세존이시여, 예를 들면 불이 깨끗한 것을 때우기도 하고 더러운 것을 태우기도 하고 똥을 태우기도 하고 오줌을 태우기도 하고 침을 태우기도 하고 고름을 태우기도 하고 피를 태우기도 하지만 불은 그 때문에 놀라지도 않고 주눅 들지도 않고 넌더리치지도 않듯이, 세존이시여, 그와 마찬가지로 저는 불과 같이 풍만하고, 광대하고, 무량하고, 원한 없고, 고통 없는 마음으로 머뭅니다. 세존이시여, 참으로 몸에서 몸에 대한 사띠를 확립하지 못한 자는 다른 동료 수행자에게 모욕을 주고 용서를 구하지 않고 만행을 떠날 것입니다. [그러나 저는 그렇지 않습니다.]

세존이시여, 예를 들면 바람이 깨끗한 것을 불어 날리기도 하고 더러운 것을 불어 날리기도 하고 똥을 불어 날리기도 하고 오줌을 불어 날리기도 하고 침을 불어 날리기도 하고 고름을 불어 날리기도 하고 피를 불어 날리기도 하지만 바람은 그 때문에 놀라지도 않고 주눅 들지도 않고 넌더리치지도 않듯이, 세존이시여, 그와 마찬가지로 저는 바람과 같이 풍만하고, 광대하고, 무량하고, 원한 없고, 고통 없는 마음으로 머뭅니다. 세존이시여, 참으로 몸에서 몸에 대한 사띠를 확립하지 못한 자는 다른 동료 수행자에게 모욕을 주고 용서를 구하지 않고 만행을 떠날 것입니다. [그러나 저는 그렇지 않습니다.]

세존이시여, 예를 들면 먼지 닦는 걸레가 깨끗한 것을 닦아내기도 하고 더러운 것을 닦아내기도 하고 똥을 닦아내기도 하고 오줌을 닦아내기도 하고 침을 닦아내기도 하고 고름을 닦아내기도 하고 피를 닦아내기도 하지만 먼지 닦는 걸레는 그 때문에 놀라지도 않고 주눅 들지도 않고 넌더리치지도 않듯이, 세존이시여, 그와 마찬가지로 저는 먼지 닦는 걸레와 같이 풍만하고, 광대하고, 무량하고, 원한 없고, 고통 없는 마음으로 머뭅니다. 세존이시여, 참으로 몸에서 몸에 대한 사띠를 확립하지 못한 자는 다른 동료 수행자에게 모욕을 주고 용서를 구하지 않고 만행을 떠날 것입니다. [그러나 저는 그렇지 않습니다.]

세존이시여, 예를 들면 천민의 사내아이나 천민의 딸아이가 동냥그릇을 들고 다 떨어진 옷을 입고 마을이나 성읍으로 들어가면서 하심하는 마음을 확립하여 들어가듯이, 세존이시여, 그와 마찬가지로 저는 천민의 사내아이와 같이 풍만하고, 광대하고, 무량하고, 원한 없고, 고통 없는 마음으로 머뭅니다. 세존이시여, 참으로 몸에서 몸에 대한 사띠를 확립하지 못한 자는 다른 동료 수행자에게 모욕을 주고 용서를 구하지 않고 만행을 떠날 것입니다. [그러나 저는 그렇지 않습니다.]

세존이시여, 예를 들면 뿔이 잘린 황소가 유순하고 잘 길들여지고 잘 제어되어 이 골목 저 골목, 이 거리 저 거리를 누비지만 발굽이나 뿔로 어느 누구도 해치지 않듯이, 세존이시여, 그와 마찬가지로 저는 뿔이 잘린 황소와 같이 풍만하고, 광대하고, 무량하고, 원한 없고, 고통 없는 마음으로 머뭅니다. 세존이시여, 참으로 몸에서 몸에 대한 사띠를 확립하지 못한 자는 다른 동

료 수행자에게 모욕을 주고 용서를 구하지 않고 만행을 떠날 것입니다. [그러나 저는 그렇지 않습니다.]

세존이시여, 예를 들면 여자나 남자가 어리거나 젊거나 간에 장식을 좋아하며 머리를 감은 뒤 뱀의 사체나 개의 사체나 사람의 시체를 그의 목 주위에 감으면, 그는 전율을 느끼고 혐오스러워 하고 넌더리를 내듯이, 세존이시여, 그와 마찬가지로 저는 썩어문드러질 이 몸에 대해서 전율을 느끼고 혐오스러워하고 넌더리를 냅니다. 세존이시여, 참으로 몸에서 몸에 대한 사띠를 확립하지 못한 자는 다른 동료 수행자에게 모욕을 주고 용서를 구하지 않고 만행을 떠날 것입니다. [그러나 저는 그렇지 않습니다.]

세존이시여, 예를 들면 사람이 터지고 금가고 기름이 스며 나오고 뚝뚝 떨어지는 기름단지를 가지고 가듯이, 세존이시여, 그와 마찬가지로 저는 터지고 금가고 번뇌가 스며 나오고 뚝뚝 떨어지는 이 몸을 가지고 다닙니다. 세존이시여, 참으로 몸에서 몸에 대한 사띠를 확립하지 못한 자는 다른 동료 수행자에게 모욕을 주고 용서를 구하지 않고 만행을 떠날 것입니다. [그러나 저는 그렇지 않습니다.]"

5. 그때 그 비구는 자리에서 일어나 한쪽 어깨가 드러나게 윗옷을 입고 세존의 발에 머리를 엎드려서 세존께 이렇게 말씀드렸다.

"세존이시여, 저는 잘못을 범했습니다. 세존이시여, 제가 어리석고 미혹하고 나빠서 사실이 아니고 헛된 거짓말을 하여 사리뿟따 존자를 비방했습니다. 세존이시여, 세존께서는 제가 미래에 다시 이와 같은 잘못을 범하지 않고 제 자신을 단속할 수 있도록 제 잘못에 대한 참회를 섭수해 주소서."

"비구여, 참으로 그대는 잘못을 범했다. 그대는 어리석고 미혹하고 나빠서 사실이 아니고 헛되고 거짓말을 하여 사리뿟따 존자를 비방했다. 비구여, 그러나 그대는 잘못을 범한 것을 범했다고 인정하고 법답게 참회를 했다. 그러므로 우리는 그대를 받아들인다. 비구여, 잘못을 범한 것을 범했다고 인정한 다음 법답게 참회하고 미래에 [그러한 잘못을] 단속하는 자는 성스러운 율에서 향상하기 때문이다."

6. 그때 세존께서는 사리뿟따 존자를 불러서 이렇게 말씀하셨다.

"사리뿟따여, 이 쓸모없는 인간의 머리가 일곱 조각으로 깨어지기 전에 그를 용서하라."

"세존이시여, 만일 저 존자가 제게 '저를 용서해 주십시오.'라고 말하면 저는 저 존자를 용서합니다."

대림스님 역(2013), 『앙굿따라 니까야 5』 초기불전연구원. pp.395-401.

16. 수부띠 경 (A11:15)

내담자는 자기 삶의 전문가이다. 자기 삶을 가장 잘 아는 전문가는 실천가가 아닌 바로 내담자이므로 그가 원하는 변화를 만들어 낼 수 있는 사람도 내담자 자신이라고 믿는 것이 해결중심 접근에서의 중요한 핵심이다. 따라서 실천가는 내담자의 문제를 객관적으로 사정하고 판단하는 전문가가 아니라 내담자의 삶과 그가 원하는 변화를 이용자에게서 배우는 학습자가 되어야 한다(Anderson & Goolishian, 2007). 실천가의 관점과 판단보다는 내담자가 삶이 나아지는 데 중요하다고 여기는 것에 중점을 둔다(Berg & Wheeler, 2006; 노혜련 · 김윤주 공저, 2016: 32 재인용).

또한 Thomas(1994)는 실천가가 지혜를 나눠주는 사람이라기보다 내담자의 '전문성을 끌어내는' 역할을 하는 사람이라고 했다(송성자 · 정문자 · 최종진 공역, 2014: 230). 결국, 해결중심 접근에서 실천가는 내담자의 문제나 해결방법에 대해 직접적인 개입을 하지 않고 내담자가 원하는 변화에 내담자 자신의 강점과 지역사회의 자원을 연결하는 협력자가 되어야 한다.

[수부띠 경]은 수부띠가 믿음을 가진 비구를 붓다에게 소개하면서 경의 내용이 시작된다. 붓다는 "믿음을 가진 청신사의 아들인 믿음을 가진 비구는 집을 나와 출가하여 믿음을 가진 자들에게서 발견되는 특징들을 갖추었는가?"라고 질문한 뒤 수부띠의 청을 받아서 믿음을 가진 비구의 믿음의 열한 가지 특징을 설한 것이 이 경의 주된 내용이다.

믿음을 가진 비구의 열한 가지 믿음의 특징은 곧, 해결중심 접근의 기본 원리 가운데 하나인 '내담자는 자기 삶의 전문가이다'와 연관 지어 볼 수 있다.

> "수부띠여, 여기 비구는 계를 잘 지킨다. 그는 계목의 단속으로 단속하면서 머문다. 바른 행실과 행동의 영역을 갖추고, 작은 허물에 대해서도 두려움을 보며, 학습계목을 받아 지녀 공부짓는다. ……. 비구는 많이 배우고 배운 것을 잘 호지하고 배운 것을 잘 정리한다. 시작도 훌륭하고 중간도 훌륭하고 끝도 훌륭하며, 더할 나위 없이 완벽하고 지극히 청정한 범행을 의미와 표현을 구족하여 확실하게 드러내는 가르침들이 있으니, 그는 그러한 가르침들을 많이 배우고 호지하고 말로써 친숙하게 되고 마음으로 숙고하고 견해로써 잘 꿰뚫는다. ……. 견해로써 잘 꿰뚫는 이것도 믿음을 가진 자들에게서 발견되는 믿음의 특징이다."

수행승으로서 계행을 잘 지킨다는 것은 본분에 충실한 것이다. 계율을 의무로서 수호하고, 바른 행실과 바른 행동으로 경계를 잘 지키고, 사소한 허물에서도 두려움을 보고, 학습계율을 잘 수지하고 배우는 것이다. 또한 많이 배우고, 시작과 끝이 훌륭하고 완벽한, 이러한 일련의 삶이 곧 내담자의 강점으로 작용하고 내담자 자신의 삶의 전문가로서 밑거름이 된다.

그러나 실제 상담 현장에서 만나는 내담자는 이렇게 스스로의 삶 안에서 자기 삶의 전문가로서 '훌륭한' 상태가 아닌 경우가 더 많다. 그럴지라도 내담자가 그 자신의 삶의 전문가라는 믿음을 실천가가 확고히 갖고 내담자와의 대화 속에서 내담자 스스로 자신의 강점을 찾도록 돕다보면, 내담자는 설사 문제투성이의 상황일지라도 견뎌온 스스로의 힘을 발견하고, 자신의 강점을 인지하고 강화시켜 새로운 패러다임으로 자신의 상황을 이해하게 된다. 이러한 과정 속에서 '내담자는 자기 삶의 전문가'라는 실천가의 확고한 믿음은 그대로 내담자에게 전해져 내담자 스스로도 자신이 자기 삶의 전문가임을 인식하게 되고, 자신에게 가장 적절한 방법으로 자신의 문제 상황을 해결해 나가게 된다.

> "수부띠여, 비구는 좋은 친구, 좋은 동료, 좋은 벗을 가졌다. 수부띠여, 비구가 좋은 친구, 좋은 동료, 좋은 벗을 가지는 이것도 믿음을 가진 자들에게서 발견되는 믿음의 특징이다."

좋은 친구와 좋은 동료와 좋은 벗을 가졌다는 것은 내담자에게 있어 훌륭한 자원이다. 거시적으로 볼 때 좋은 친구, 좋은 동료, 좋은 벗을 가졌다는 것은 지역사회와의 네트워크 형성이 잘 되어 있다고 볼 수 있다. 이것은 어떤 문제 상황이 발생하였을 때, 주변 사람들과 지역의 자원을 쉽게 연결 지을 수 있기 때문이다.

그러나 해결중심 실천현장에서 만나는 내담자들은 종종 이러한 자원이 될 수 있는 인간관계의 네트워크가 파괴되어 있거나 혹은 단절되어 있는 경우가 많다. 그럴지라도 내담자의 마음 안에는 스스로 의지하는 어떠한 사람 혹은 기억 관계 등등의 무언가의 자원이 있기 마련이다. 따라서 실천가가 내담자와의 대화 속에서 내담자 스스로 이러한 자원을 발견하도록 돕고, 그 자원을 활용하여 내담자 스스로의 역량을 강화해가도록 도울 수 있다면, 내담자는 현재의 문제 상황에서 벗어나고 해결을 향해 스스로 나아가는 힘을 얻을 것이다.

> "수부띠여, 비구는 의복이나 탁발음식이나 거처나 병구완을 위한 약품이 좋은 것이든 안 좋은 것이든 그것으로 만족한다. ……."

해결중심 접근에서는 과거보다 현재와 미래를 강조하고, 내담자가 이미 갖고 있는 능력과 상황 안에서 달성 가능한 자원 할용을 강조하고 있다.

수행자에게 있어 의복, 음식, 거처, 약품이 질적으로 좋든 나쁘든 그것으로 만족해하는 것이 중요하다. 붓다는 이미 있는 것들 안에서 만족할 것을 찾는 것과 현재 갖고 있는 것의 중요함을 말하고 있다.

해결중심 접근에서도 이미 있었던 문제에서의 예외 상황, 이미 있는 자원 등을 내담자 스스로 찾아내 인지하도록 도움으로써 이미 있었던 것들에 의지하여 지금 현재 할 수 있는 일들을 찾아가도록 돕는 것이다.

> "세존이시여, 이 비구도 계를 잘 지킵니다. 그는 계목의 단속으로 단속하면서 머뭅니다. 바른 행실과 행동의 영역을 갖추고, 작은 허물에 대해서도 두려움을 보며, 학습계목을 받아 지녀 공부 짓습니다. ……. 세존이시여, 이 비구도 모든 번뇌가 다하여 아무 번뇌가 없는 마음의 해탈과 통찰지를 통한 해탈을 바로 지금 여기에서 스스로 최상의 지혜로 알고 실현하고 구족하여 머뭅니다."

해결중심 실천가는 내담자 자신이 전문가라는 확신을 갖도록, 내담자가 성공한 경험을 확대하고 강화하면서 내담자 자신이 변화의 주체라는 인식이 더 확고해지도록 돕는다.

붓다가 믿음을 가진 자들에게서 발견되는 열한 가지 특징에 대해 말을 하자, 수부띠는 같이 온 비구가 그런 특징들을 가지고 있다고 말을 한다. 믿음을 가진 자의 모든 조건들이 갖춰진 비구는 이미 훌륭한 자기 삶의 전문가였던 것이다.

> "장하고 장하구나, 수부띠여, 그렇다면 그대는 믿음을 가진 이 비구와 함께 머물러야 한다. 수부띠여, 그대가 여래를 친견하기를 원할 때 믿음을 가진 이 비구와 함께 여래를 친견하러 와야 한다."

해결중심 접근에서의 메시지 전달은 대화중에 발견한 내담자의 강점, 장점, 자원, 칭찬 등을 이야기 해주고, 내담자에게 도움이 될 만한 어떤 일을 실제적으로 해보도록 제안하기도 한다.

마지막에서 붓다는 수부띠에게 '장하고 장하도다(훌륭하다)' 라는 칭찬을 아끼지 않는다. 이어서 이런 좋은 특질을 갖고 있는 사람과 함께 머물고 붓다를 친견하러 올 때 함께 오라는 긍정의 메시지를 전한다. 수붓띠는 어떤 비구를 소개하고 여쭌 자신의 행위에 대해, 그리고 자신이 소개한 어떤 비구에 대해 강점을 강화하고 만족감을 느끼게 되어, 그 비구와 함께 머물 것이고, 붓다를 친견하러 오게 될 것이다.

수부띠 경 (A11:15)

1. 그때 수부띠 존자가 믿음을 가진 비구와 함께 세존께 다가갔다. 가서는 세존께 절을 올리고 한 곁에 앉았다. 한 곁에 앉은 수부띠 존자에게 세존께서는 이렇게 말씀하셨다.

"수부띠여, 이 비구는 누구인가?"

"세존이시여, 믿음을 가진 비구라 합니다. 그는 믿음을 가진 청신사의 아들인데 믿음으로 집을 나와 출가했습니다."

"수부띠여, 그러면 이처럼 믿음을 가진 청신사의 아들인 믿음을 가진 비구는 집을 나와 출가하여 믿음을 가진 자들에게 발견되는 특징들과 합일하는가?"

"세존이시여, 지금이 바로 적절한 시기입니다. 선서시여, 지금이 세존께서 믿음을 가진 자들에게서 발견되는 믿음의 특징들을 설해주실 바로 적절한 시기입니다. 그러면 저는 이 비구가 믿음을 가진 자들에게서 발견되는 믿음의 특징들과 합일하는지 아니면 그렇지 않은지에 대해 잘 알게 될 것입니다."

"수부띠여, 그렇다면 들어라. 듣고 마음에 잘 새겨라. 나는 설할 것이다."

"그렇게 하겠습니다. 세존이시여."라고 수부띠 존자는 세존께 대답했다. 세존께서는 이렇게 말씀하셨다

2. "수부띠여, 여기 비구는 계를 잘 지킨다. 그는 계목의 단속으로 단속하면서 머문다. 바른 행실과 행동의 영역을 갖추고, 작은 허물에 대해서도 두려움을 보며, 학습계목을 받아 지녀 공부짓는다. 수부띠여, 비구가 계를 잘 지키어 …… 학습계목을 받아 지녀 공부짓는 이것이 믿음을 가진 자들에게서 발견되는 믿음의 특징이다."

3. "다시 수부띠여, 비구는 많이 배우고 배운 것을 잘 호지하고 배운 것을 잘 정리한다. 시작도 훌륭하고 중간도 훌륭하고 끝도 훌륭하며, 더할 나위 없이 완벽하고 지극히 청정한 범행을 의미와 표현을 구족하여 확실하게 드러내는 가르침들이 있으니, 그는 그러한 가르침들을 많이 배우고 호지하고 말로써 친숙하게 되고 마음으로 숙고하고 견해로써 잘 꿰뚫는다. 수부띠여, 비

구가 많이 배우고..견해로써 잘 꿰뚫는 이것도 믿음을 가진 자들에게서 발견되는 믿음의 특징이다."

4. "다시 수부띠여, 비구는 좋은 친구, 좋은 동료, 좋은 벗을 가졌다. 수부띠여, 비구가 좋은 친구, 좋은 동료, 좋은 벗을 가지는 이것도 믿음을 가진 자들에게서 발견되는 믿음의 특징이다."

5. "다시 수부띠여, 비구는 훈계를 잘 받아들이나니 그는 훈계하기 쉬운 성품들을 지니고 있고 인욕하고 교계를 받아들임에 능숙하다. 수부띠여, 비구가 훈계를 …… 교계를 받아들임에 능숙한 이것도 믿음을 가진 자들에게서 발견되는 믿음의 특징이다."

6. "다시 수부띠여, 비구는 동료 수행자들의 중요하고 사소한 여러 가지 소임들을 열심히 하고 거기에 숙련되고 게으르지 않으며 그것을 완성할 수 있는 검증을 거쳐 충분히 실행할 수 있고 충분히 연구할 수 있는 자가 된다. 수부띠여, 비구가 동료 수행자들의 중요하고 사소한 여러 가지 소임들을 열심히 하고 …… 충분히 연구하는 이것도 믿음을 가진 자들에게서 발견되는 믿음의 특징이다."

7. "다시 수부띠여, 비구는 법을 갈구하는 자여서 법담을 나누기를 좋아하고 법과 율에 대해 크나큰 환희심을 가진다. 수부띠여, 비구가 법을 갈구하는 자여서 …… 크나큰 환희심을 가지는 이것도 믿음을 가진 자들에게서 발견되는 믿음의 특징이다."

8. "다시 수부띠여, 비구는 해로운 법들을 제거하고 유익한 법들을 두루 갖추기 위해서 불굴의 정진으로 머문다. 그는 굳세고 분투하고 유익한 법들에 대한 임무를 내팽개치지 않는다. 수부띠여, 비구가 해로운 법들을 제거하고 …… 임무를 내팽개치지 않는 이것도 믿음을 가진 자들에게서 발견되는 믿음의 특징이다."

9. "다시 수부띠여, 비구는 의복이나 탁발음식이나 거처나 병구완을 위한 약품이 좋은 것이든 안 좋은 것이든 그것으로 만족한다. 수부띠여, 비구가 의복이나 탁발음식이나 …… 좋은 것이

든 안 좋은 것이든 그것으로 만족하는 이것도 믿음을 가진 자들에게서 발견되는 믿음의 특징이다."

10. "다시 수부띠여, 비구는 수많은 전생의 갖가지 삶들을 기억한다. 즉, 한 생, 두 생 …… 이처럼 한량없는 전생의 갖가지 모습들을 그 특색과 더불어 상세하게 기억해낸다. 수부띠여, 비구가 수많은 전생의 갖가지 삶들을 기억하여 ……. 상세하게 기억해내는 이것도 믿음을 가진 자들에게서 발견되는 믿음의 특징이다."

11. "다시 수부띠여, 비구는 청정하고 인간을 넘어선 신성한 눈으로 중생들이 죽고 태어나고, …… 중생들이 지은 바 그 업에 따라서 가는 것을 꿰뚫어 안다. 비구가 청정하고 인간을 넘어선 신성한 눈으로 중생들이 죽고 태어나고, ……. 중생들이 지은 바 그 업에 따라서 가는 것을 꿰뚫어 아는 이것도 믿음을 가진 자들에게서 발견되는 믿음의 특징이다."

12. "다시 수부띠여, 비구는 모든 번뇌가 다하여 아무 번뇌가 없는 마음의 해탈과 통찰지를 통한 해탈을 바로 지금 여기에서 스스로 최상의 지혜로 알고 실현하고 구족하여 머문다. 수부띠여, 비구가 모든 번뇌가 다하여 아무 번뇌가 없는 마음의 해탈과 통찰지를 통한 해탈을 바로 지금여기에서 스스로 최상의 지혜로 알고 실현하고 구족하여 머무는 이것도 믿음을 가진 자들에게서 발견되는 믿음의 특징이다."

13. 이렇게 말씀하시자 수부띠 존자는 세존께 이렇게 말씀드렸다.

"세존이시여, 세존께서 말씀하신, 믿음을 가진 자들에게서 발견되는 믿음의 특징들을 이 비구에게서도 찾아볼 수 있습니다. 세존이시여, 이 비구도 이러한 특징들과 합일합니다.

세존이시여, 이 비구도 계를 잘 지킵니다. 그는 계목의 단속으로 단속하면서 머뭅니다. 바른 행실과 행동의 영역을 갖추고, 작은 허물에 대해서도 두려움을 보며, 학습계목을 받아 지녀 공부짓습니다. …….

세존이시여, 이 비구도 모든 번뇌가 다하여 아무 번뇌가 없는 마음의 해탈과 통찰지를 통한 해탈을 바로 지금 여기에서 스스로 최상의 지혜로 알고 실현하고 구족하여 머뭅니다.

세존이시여, 세존께서 말씀하신, 믿음을 가진 자들에게서 발견되는 이와 같은 믿음의 특징들을 이 비구에게서도 찾아볼 수 있습니다. 세존이시여, 이 비구도 이러한 특징들과 합일합니다."

14. "장하고 장하구나, 수부띠여, 그렇다면 그대는 믿음을 가진 이 비구와 함께 머물러야 한다. 수부띠여, 그대가 여래를 친견하기를 원할 때 믿음을 가진 이 비구와 함께 여래를 친견하러 와야 한다."

대림스님 역(2013), 『앙굿따라 니까야 6』 초기불전연구원. pp.556-561.

제 4 장

해결중심 접근 사례분석

1. 사례분석 1 : 뽀딸리아 경 (A4:100)

문제중심 상담에서 실천가는 내담자가 문제를 해결하도록 돕기 위해 먼저 내담자의 문제를 정확히 사정하여 문제의 원인을 내담자에게 알려준 후 그것을 어떻게 고칠 수 있을 것인가에 초점을 두고 개입한다. 만약 내담자들이 말하고 싶어 하지 않은 문제를 끄집어내어, 그 문제의 원인이 내담자 당신과 관련이 있다고 말한다면 그들 대부분은 자신에게는 아무런 문제가 없다고 반박하는 데 오히려 많은 시간과 에너지를 소비하게 될 것이다. 대부분의 경우, 문제중심의 실천가는 내담자가 문제와 그 원인을 알게 되면 문제를 해결하는데 도움이 될 것이라고 판단하고 말을 하지만, 내담자가 문제 삼지 않은 것을 실천가가 앞서서 다루게 될 경우 오히려 내담자와의 관계는 깨지기 쉽다. 따라서 내담자와 협력적 관계를 형성하는데 있어 말을 할 적절한 때가 언제인지를 아는 것은 해결중심 실천에서 매우 중요하다.

그러한 측면에서 뽀딸리아 경(A4:100)은 해결중심 접근의 실천 원칙 첫 번째, 내담자가 문제 삼지 않으면 실천가가 먼저 건드리지 않는다와 관련이 있다고 볼 수 있다.

이 원칙을 뽀딸리아 경(A4:100)과 비교해서 살펴보도록 하자.

실천가가 만약 내담자가 가지고 있는 문제가 무엇이고, 문제의 원인이 무엇인지를 파악하여 그것을 내담자에게 알려주어 고치게 함으로써 그가 변화 하도록 이끄는 것이 실천가의 역할이라고 여긴다면 실천가는 내담자의 잘못을 지적하고 비난을 해서라도 그가 지닌 문제를 직시하도록 하는데 초점을 두지 내담자가 무엇을 잘 해내고 있는지에 관심을 갖고 칭찬하지는 않을 것이다.

이러한 실천가는 뽀딸리아 경(A4:100)에서 말하는 사실과 진실을 말해야 할 때에 비난받을 사람을 비난하지만, 사실과 진실을 얘기해야 할 때에 칭송해야 할 사람을 칭송하지 않는 첫 번째 부류의 사람에 해당할 것이다.

또 다른 측면에서 내담자와 관계를 형성할 때, 비록 비난받을 수 있는 여지가 있는 사람일지라도 실천가가 비심판적인 태도[1]를 가지고 내담자를 직접 비난하는 것 보다는 오히려 내담자가 잘 하고 있는 것을 칭찬하는 것이 내담자와 협력하는데 도움이 된다고 여긴다면 실천가는 문제와 관련하여 내담자를 비난하는 대신 내담자가 잘 하고 있는 것을 칭찬하고 지지하는 데 초점을 둘 것이다.

그리고 이러한 실천가는 뽀딸리아 경(A4:100)에서 말하는 사실과 진실을 말해야 할 때에 칭송해야 할 사람을 칭송하지만, 사실과 진실을 말해야 할 때에 비난받을 사람을 비난하지 않는 두 번째 부류의 사람에 해당할 것이다.

한편 뽀딸리아는 세상의 네 부류의 사람들과 관련하여 붓다의 설법을 듣기 전에는 사실과 진실을 얘기해야 할 때에 비난받을 사람을 비난하지도 않고, 사실과 진실을 얘기해야 할 때에 칭송해야 할 사람을 칭송하지도 않는 사람이 더 경이롭고 더 수승한 사람이라고 말하며 그 이유를 무관심(upekhā)[2]이야말로 경

---

1) 비심판적 태도(nonjidgemental attitude)란 문제의 원인이 클라이언트의 잘못 때문인지 아닌지, 얼마만큼 클라이언트에게 책임이 있는지 등을 심판하지 않으며 클라이언트의 특성 및 가치관을 비난하지 않는다는 원칙이다(양옥경외, 2017).

2) 여기서 '무관심'으로 옮긴 단어는 upekhāupekkhā이다. 이것은 평온에 기인한 마음챙김의 확립(捨念清淨, upekkhā - sati - pārisuddhi)으로 정의되는 제4선의 평온과 네 가지 거룩한 마음가짐(四梵住, 四無量, brahma-vihāra, 자애, 연민, 더불어 기뻐함, 평온)의 네 번째인 평온과 같은 단어이기도 하다. 이와 같은 고귀한 심리현상으로서의 우뻭카는 평온으로 옮기고, 본문에서와 같은 우뻭카는

이로운 것이기 때문이라고 답하고 있다.

실천가가 만약 뽀딸리아처럼 반사회적이고, 비윤리적인 가치와 태도, 행동을 하는 내담자에 대해 어떤 판단도 하지 않고, 반대로 윤리적이고 사회적으로도 칭찬받을 만한 태도와 행동을 하는 내담자에 대해서도 그가 옳다는 그 어떤 판단도 하지 않는 것이 전문가에게 요구되는 중립적인 태도라고 여긴다고 하자. 그렇다면 이러한 실천가는 뽀딸리아와 같은 사실과 진실을 얘기해야 할 때 비난받을 사람을 비난하지도 않고 사실과 진실을 얘기해야 할 때 칭송해야 할 사람을 칭송하지도 않는 세 번째 부류의 사람에 해당할 것이다.

그러나 붓다께서는 "뽀딸리야여, 네 부류의 사람들 가운데서 나는, 사실과 진실을 얘기해야 할 때에 비난 받을 사람을 비난하고, 사실과 진실을 얘기해야 할 때에 칭송해야 할 사람을 칭송하는 사람이 더 경이롭고 더 수승한 사람이라고 말한다. 그것은 무슨 이유인가? 뽀딸리야여, 모든 곳에서 [진실을 얘기할] 적당할 때를 아는 것이야말로 경이로운 것이기 때문이다."라고 말씀하시고 있다.

여기서 주목해야 할 점은 모든 곳에서 [진실을 얘기할] 적당한 때를 아는 것이라는 대목이다. 사실 상담을 하다보면 특정 주제나, 내담자가 처한 상황 등과 관련하여 내담자와 언제 그 이야기를 해야 할지를 결정하는 것이 매우 중요하다. 왜냐하면 내담자가 그것을 다룰 준비가 충분히 되어 있지 않았을 때 실천가가 성급하게 다루게 되면 내담자와 실천가 사이에 신뢰관계가 깨질 수도 있기

무관심으로 옮긴다. 영어로도 전자는 equanimity로 후자는 indifference로 구분해서 옮긴다(대림스님, 2013b: 253).

때문이다. 따라서 이야기를 나눌 적당한 때를 아는 것은 내담자와의 신뢰를 공고히 하는 동시에 효과적인 상담을 하기 위해서도 중요한 요건이라고 할 수 있다.

붓다께서는 뽀딸리아 경(A4:100)을 통해 [진실을 얘기할] 적당한 때를 아는 것이 중요하다고 말씀하고 있다. 그럼에도 불구하고 그 적당한 때가 구체적으로 언제인지에 대해서는 뽀딸리아 경(A4:100)에서는 더 이상 언급하고 있지 않다. 대신 붓다께서는 『맛지마 니까야』 중 아바야 왕자 경[3](M58:8)을 통해 '적당한 때'가 언제인지 구체적으로 가르쳐 주시고 있다.

붓다께서는 아바야 왕자 경(M58:8)에서 '적당한 때'와 관련하여 '여래는 그 말이 사실이 아니고 진실이 아니고 이익을 줄 수 없다고 알고, 또 그 말이 다른 사람에게 사랑스럽지도 않고 마음에 들지도 않는 것이면 여래는 그 말을 하지 않는다.' 라고 말씀하고 계시다.

만약 해결중심 실천가가 내담자의 이야기를 들었을 때 사실도 아니고 진실도 아니고 내담자에게 이익이 되지 않을 것을 알고, 또 그가 실천가의 말을 들으려고도 하지 않는다면 실천가는 당연히 그 어떤 말도 하지 않을 것이다. 이것은 아바야 왕자 경(M58:8)의 말씀과 일치한다.

한편, 내담자에게 일어난 사건과 관련하여 무엇이 진실인지 실천가가 알게 되었을 경우, 문제중심 상담에서 실천가는 비록 내담자에게 어떤 이익도 줄 수 없고, 또 내담자 역시도 그 사실에 대해 듣고 싶어 하지 않는다고 하여도 사실 여부를 밝히는 것이 전제되어야 상담이 진행될 수 있다고 믿는 경향이 있다. 예

3) 대림스님 역(2013b: 530-538 참고).

를 들어 아버지로부터 학대를 당했다고 신고한 딸과는 달리 아버지는 학대한 적이 없다고 하고, 실제 어떤 의료기록에도 학대가 의심될 만한 소견이 없는 베스의 사례[4]를 살펴보자.

학대여부에 대한 진실을 밝히는 것이 베스에게 이익이 되지 않고, 베스 역시도 그와 관련된 이야기를 하고 싶어 하지 않는다 해도 실천가는 아버지가 딸을 학대한 적이 없다는 사실을 딸인 베스가 먼저 인정해야 그 다음 상담을 할 수 있다고 생각한다. 따라서 실천가는 아버지가 때렸다는 증거를 찾기 어렵다는 의료기록을 토대로 베스로 하여금 학대는 없었다는 사실을 인정할 것을 요청한다. 그리고 실천가는 부모가 화가 난 상황 속에서는 더 이상 집으로 돌아가기 어려우니 위탁가정으로 가야 한다고 내담자를 설득한다.

그러나 해결중심 상담에서는 아버지가 딸인 베스를 때렸다는 사실여부를 밝히는데 관심을 두기 보다는 그러한 상황에서도 내담자가 원하는 것이 무엇인지를 탐색하는데 초점을 둔다. 즉 해결중심 실천가는 딸인 베스가 아버지가 학대했다고 믿고 있다는 것을 알겠다고 할 뿐 더 이상 그 사건, 더 나아가 사건의 사실 여부에 대해서는 다루지 않는다. 오히려 실천가는 그런 상황에서 베스가 가장 원하는 것이 무엇인지를 물어본다. 그리고 자신에게는 가족이 있기 때문에 집으로 돌아가고 싶어 한다는 것을 그녀의 이야기를 통해 알게 된다. 그리하여 실천가는 베스가 가족이 있는 집으로 돌아갈 수 있도록 내담자와 함께 해결책을 모색해 나가고 있다.

이러한 측면에서 해결중심 상담은 아바야 왕자 경(M58:8)의 '여래는 그 말이

4) 노혜련・허남순(2015: 81-90)에 제시된 베스의 사례이다.

사실이고 진실이지만 이익을 줄 수 없다고 알고, 또 그 말이 다른 사람들에게 사랑스럽지도 않고 마음에 들지도 않는 것이면 여래는 그 말도 하지 않는다.' 라는 가르침과 일치한다.

한편, 남편의 딸에 대한 성추행으로 인해 부부갈등을 겪고 있는 사례[5]가 있다고 하자. 이러한 문제를 가진 내담자와 만나게 될 때 문제중심 상담에서는 통상적으로 내담자가 고통 받고 있는 부부갈등의 원인이 자녀에 대한 성추행이라는 사실을 알게 되면 남편의 성추행 문제가 먼저 해결되어야만 내담자의 문제가 해결될 수 있다고 여긴다. 따라서 내담자가 자녀 성추행과 관련해 남편에 대한 신고나 이혼에 대해 이야기하고 싶어 하지 않더라도 그 문제를 먼저 다루는 것이 내담자에게 도움이 된다고 생각하기 때문에 이 문제에 초점을 둔다.

이에 비해 해결중심 상담에서는 부부갈등의 문제가 자녀의 성추행으로 인한 것이 사실이고, 이혼이나 신고를 하도록 하는 것이 내담자에게 도움이 된다고 알지라도 내담자가 그 문제를 다루고 싶어 하지 않는다면 실천가가 먼저 나서서 그 문제를 다루지는 않는다. 여기서 중요한 포인트는 실천가가 먼저 나서서 문제를 다루지 않는다는 것이다.

왜냐하면 해결중심 실천가는 자녀의 성추행이나, 이혼, 남편에 대한 신고 등과 관련하여 내담자가 원하지 않을 때 이야기 나누는 것은 효과적이지 않다는 것을 알기 때문에 먼저 나서서 언급하지 않는다. 대신 내담자가 달라지기 원하는 것은 무엇인지, 자녀들이 어떻게 성장하기를 바라는지, 어머니로서 어떤 역할을 하는 것이 아이들이 행복하게 자랄 수 있도록 하는데 도움이 되는지, 그렇

5) 필리핀 출신으로 한국에서 20여 년 동안 아들과 딸을 키우며 살던 중 남편의 자녀 성추행으로 인해 문제가 발생한 000종합사회복지관의 2017년 다문화 가정 사례이다.

게 하기 위해서 지금까지 해 온 노력 중에 도움이 된 것은 무엇이었는지에 대해 초점을 두고 상담을 해 나간다.

또한 내담자가 원하는 것이 이루어지면 일상생활에서 어떤 변화가 일어날 것 같은지, 그러한 변화는 자녀나 다른 가족, 친구, 동료들과의 관계에서 또 무엇이 달라지게 할 것인지와 관련하여 이야기를 나누다보면 내담자가 먼저 자신이 원하는 삶을 살아가는데 남편의 자녀 성추행 문제가 얼마나 나쁜 영향을 미치고 있는지에 대해 말하기 시작한다. 그리고 이처럼 내담자가 자신이 원하는 삶에 방해가 되는 자녀 성추행 문제에 대해 이야기하기 시작하면 그때서야 비로소 해결중심 실천가는 내담자가 원하는 삶을 살아가는 것에 자녀에 대한 성추행 문제와 신고, 이혼 등이 어떻게 영향을 미칠 수 있는지에 대해 이야기 나누기 시작한다.

해결중심 접근에서는 바로 그때가 내담자에게 문제가 되고 있는 것을 다룰 수 있는 가장 [바른 시기]이며 [적당한 때]라고 믿는 것이다. 그리고 이것은 '여래는 그 말이 사실이고 진실이고 이익을 줄 수 있다고 알지만 그 말이 다른 사람들에게 사랑스럽지 않고 마음에 들지 않는 것이면 여래는 그 말을 해줄 바른 시기를 안다.'는 아바야 왕자 경(M58:8) 속 붓다의 가르침과 깊이 연관된다.

한편, 뽀딸리아 경(A4:100)에서 뽀딸리아는 붓다께서 말씀하신 내용을 그대로 반복해서 따라 한 후 붓다의 질문에 대답하는 형식을 취하고 있다. 그리고 붓다께서 뽀딸리아의 답을 들으신 후 같은 내용을 반복하여 설하시면, 뽀딸리아가 다시 한 번 반복해 따라 한 후 붓다께 귀의하는 모습을 보여준다.

붓다와 뽀딸리아 사이에 똑같은 내용을 여러 번 반복하는 것이 지루하게 느껴질 수 있다. 그러나 이러한 방법은 내담자의 이야기를 듣는 과정 중에 실천가 자신의 생각이 끼어들게 하는 것을 예방할 수 있다. 상담에서는 내담자의 이야기를 경청하는 것이 매우 중요하다고 강조하고 있지만, 많은 경우 내담자의 이야기를 들으면서 문제중심 실천가는 끊임없이 자신의 준거 틀을 가지고 내담자의 이야기를 해석하고, 그의 말과 생각과 행동에 대해 옳고 그름을 판단하는 경향이 있다. 사실 내담자가 하는 이야기를 평가하면서 동시에 내담자의 이야기를 잘 경청한다는 것은 대단히 어려운 일이다. 특히나 실천가 자신이 가지고 있는 가치나 의견과는 상반되는 이야기를 내담자가 할 때 그의 이야기를 경청한다는 것은 더욱 어렵다.

그렇지만 해결중심 접근에서는 내담자에게 있어 누가 그리고 무엇이 중요한지에 대해 듣는 것이 상담에서 중요하다고 여긴다. 실제로 내담자에게 중요한 사람과 사건을 알아보려고 경청하는 것은 첫째 실천가가 내담자 준거 틀의 중요한 부분에 곧바로 초점을 맞출 수 있고, 둘째 내담자를 평가하려는 경향을 차단할 수 있으며, 셋째 실천가 관점에서 문제를 성급하게 해결하려는 것을 막는 데 도움이 된다(노혜련 허남순, 2015).

여기서 실천가 관점에서 문제를 성급하게 해결하려고 한다는 것은 내담자의 이야기를 경청하면서 내담자를 따라가려고 하면 문제 해결까지 오랜 시간이 걸리기 때문에 실천가 자신이 생각하고 판단하는 대로 내담자가 따라오도록 제안하고, 충고하는 것과 관련된다.

사실 실천가의 제안이나 충고는 실천가의 입장에서 좋은 해결방법일 뿐 내담자가 원하는, 그리고 내담자가 할 수 있는 것은 아닐 가능성이 크다. 따라서 제안이나 충고를 하기 보다는 오히려 내담자가 하고 싶어 하고, 중요하게 여기는 것이 무엇인지에 대해 내담자의 이야기를 들으며 따라갈 때 실천가는 내담자가 원하는 삶의 모습에 대해 더 잘 들을 수 있게 된다. 그리고 내담자가 말한 것을 그대로 다시 반복하는 과정 속에서 실천가는 혹시라도 잘못 이해한 것이 있다면 그것이 아니라고 수정할 수 있는 기회를 내담자에게 제공할 수 있다.

이처럼 붓다와 뽀딸리아가 같은 말을 똑같이 서로 반복하고 있는 것을 통해 우리는 내담자의 이야기를 들으면서 자신의 생각을 섞지 않고, 또 일방적으로 판단하지 않으면서 내담자의 생각을 그대로 받아들이는 경청이 중요하다는 것을 알 수 있다. 그리고 그러한 경청은 해결중심 접근에서 중요하게 여기는 내담자 따라가기를 하기 위한 핵심 방법이라고 할 수 있다.

뽀딸리아 경 (A4:100)

그 때 유행승 뽀딸리아가 세존께 다가갔다. 세존께 가서는 세존과 함께 환담을 나누었다. 유쾌하고 기억할만한 이야기로 서로 담소를 나누고 한 곁에 앉았다. 한 곁에 앉은 유행승 뽀딸리아에게 세존께서는 이렇게 말씀하셨다.

"뽀딸리아여, 세상에는 네 부류의 사람이 있다. 무엇이 넷인가? 뽀딸리아여, 여기 어떤 사람은 사실과 진실을 말해야 할 때에 비난받을 사람을 비난하지만 사실과 진실을 얘기해야 할 때에 칭송해야 할 사람을 칭송하지 않는다. 뽀딸리아여, 그러나 여기 어떤 사람은 사실과 진실을 말해야 할 때에 칭송해야 할 사람을 칭송하지만 사실과 진실을 말해야 할 때에 비난받을 사람을 비난하지 않는다. 뽀딸리아여, 그러나 여기 어떤 사람은 사실과 진실을 말해야 할 때에 비난받을 사람을 비난하지도 않고 사실과 진실을 말해야 할 때에 칭송해야 할 사람을 칭송하지도 않는다. 뽀딸리아여, 그러나 여기 어떤 사람은 사실과 진실을 말해야 할 때에 비난받을 사람을 비난하고 사실과 진실을 말해야 할 때에 칭송해야 할 사람을 칭송한다. 뽀딸리아여, 세상에는 이러한 네 부류의 사람이 있다.

뽀딸리아여, 이러한 네 부류의 사람들 가운데서 그대는 어떤 사람이 더 경이롭고 더 수승한 사람이라고 말하겠는가?"

"고따마 존자시여, 세상에는 네 부류의 사람이 있습니다. 무엇이 넷인가요?

고따마 존자시여, 여기 어떤 사람은 사실과 진실을 얘기해야 할 때에 비난받을 사람을 비난하지만 사실과 진실을 얘기해야 할 때에 칭송해야 할 사람을 칭송하지 않습니다. 고따마 존자시여, 그러나 여기 어떤 사람은 사실과 진실을 얘기해야 할 때에 칭송해야 할 사람을 칭송하지만 사실과 진실을 얘기해야 할 때에 비난받을 사람을 비난하지 않습니다. 고따마 존자시여, 그러나 여기 어떤 사람은 사실과 진실을 얘기해야 할 때 비난받을 사람을 비난하지도 않고 사실과 진실을 얘기해야 할 때에 칭송해야 할 사람을 칭송하지도 않습니다. 고따마 존자시여, 그러나 여기 어떤 사람은 사실과 진실을 얘기해야 할 때에 비난받을 사람을 비난하고 사실과 진실을 얘기해야 할 때에 칭송해야 할 사람을 칭송하여 말합니다. 고따마 존자시여, 세상에는 이러한 네 부류의 사람이 있습니다.

고따마 존자시여, 이러한 네 부류의 사람들 가운데서 저는 사실과 진실을 얘기해야 할 때에 비난받을 사람을 비난하지도 않고, 사실과 진실을 얘기해야 할 때에 칭송해야 할 사람을 칭송하지도 않는 사람이 더 경이롭고 더 수승한 사람이라고 말하겠습니다. 그것은 무슨 이유인가요? 고따마 존자시여, 무관심(upekhā)이야말로 경이로운 것이기 때문입니다."

"뽀딸리아여, 세상에는 네 부류의 사람이 있다. 무엇이 넷인가? 뽀딸리아여, 여기 어떤 사람은 사실과 진실을 얘기해야 할 때에 비난받을 사람을 비난하지만 …… 사실과 진실을 얘기해야 할 때에 칭송해야 할 사람을 칭송한다. 뽀딸리아여, 세상에는 이러한 네 부류의 사람이 있다.

뽀딸리아여, 이러한 네 부류의 사람들 가운데 나는, 사실과 진실을 얘기해야 할 때에 비난받을 사람을 비난하고, 사실과 진실을 얘기해야 할 때에 칭송해야 할 사람을 칭송하는 사람이 더 경이롭고 더 수승한 사람이라고 말한다. 그것은 무슨 이유인가? 뽀딸리아여, 모든 곳에서 [진실을 얘기할] 적당한 때를 아는 것이야말로 경이로운 것이기 때문이다.

"고따마 존자시여, 세상에는 네 부류의 사람이 있습니다. 무엇이 넷인가요? 고따마 존자시여, 여기 어떤 사람은 사실과 진실을 얘기해야 할 때에 비난받을 사람을 비난하지만. …… 사실과 진실을 얘기해야 할 때에 칭송해야 할 사람을 칭송하여 말합니다. 고따마 존자시여, 세상에는 이러한 네 부류의 사람이 있습니다.

고따마 존자시여, 이러한 네 부류의 사람들 가운데서 사실과 진실을 말해야 할 때에 비난받을 사람을 비난하고 사실과 진실을 말해야 할 때에 칭송해야 할 사람을 칭송하는 더 경이롭고 더 수승한 사람이 저는 좋습니다. 그것은 무슨 이유인가요? 고따마 존자시여, 모든 곳에서 [진실을 얘기할] 적당한 때를 아는 것이야말로 경이로운 것이기 때문입니다.

경이롭습니다, 고따마 존자시여. 경이롭습니다, 고따마 존자시여, 마치 넘어진 자를 일으켜 세우시듯, 덮여 있는 것을 걷어내 보이시듯, (방향을) 잃어버린 자에게 길을 가리켜주시듯, 눈 있는 자 형상을 보라고 어둠 속에서 등불을 비춰주시듯, 고따마 존자께서는 여러 가지 방편으로 법을 설해주셨습니다. 저는 이제 고따마 존자께 귀의하옵고 법과 비구승가에 귀의합니다. 고따마 존자께서는 저를 재가신자로 받아주소서. 오늘부터 목숨이 붙어 있는 그날까지 귀의하옵니다."

대림스님 역(2013), 『앙굿따라 니까야 2』 초기불전연구원. pp.251-255.

2. 사례분석 2 : 나쁜 이야기 경 (A5:157)

상담학, 심리학, 사회복지학 등 원조전문직에서 영향력이 있는 관점 중의 하나인 문제중심 접근은 문제의 원인을 이해하면 그것을 해결하고 통제할 수 있는 더 좋은 전략을 고안할 수 있다는 믿음에 기반 한다. 따라서 이 접근법을 따를 경우 실천가는 문제에 초점을 맞추어 그 성질과 원인 등을 파악하는 데 많은 시간과 에너지를 쏟게 된다. 이에 비해 해결중심 접근은 내담자의 준거 틀과 인식, 강점, 예외상황과 같이 해결구축에 도움이 되는 부분에 초점을 둔다. 두 가지 접근법의 차이는 다음의 표[6]를 통해 자세히 살펴볼 수 있다.

〈표 3〉 문제중심 접근과 해결중심 접근의 비교

문제중심 접근	해결중심 접근
내담자의 문제와 해결책 사이에는 필수적인 관계가 있다	내담자의 문제와 해결책은 별개이다
문제의 원인에 관심을 갖는다	내담자가 원하는 바에 초점을 둔다
내담자의 문제에 대한 정확한 진단과 사정이 중요하므로 실천가는 진단기준이나 평가 틀을 필요로 한다	강점이나 예외에 대한 탐색이 내담자의 문제 해결능력을 향상시킨다고 믿는다
문제에 관한 정보가 많을수록 유익하다고 보기 때문에 개인력과 사회력 조사에 많은 시간을 할애 한다 (예: 문제가 언제 심한가, 문제는 왜 발생하였는가?)	문제가 드러나지 않은 예외상황과 성공 했던 때에 대해 질문 한다 (예: 언제 괜찮았는가? 괜찮았을 때는 무엇을 하고 있었나? 괜찮았을 때와 그렇지 않았을 때는 어떤 차이가 있나?)
실천가의 준거 틀을 중요시 한다	내담자의 준거 틀을 중요시 한다
실천가는 내담자의 문제를 해결하는 전문가이다	내담자는 자신의 삶에 전문가이다
전문가에게 내담자의 저항은 다루어야 할 중요한 것이다	내담자의 저항은 존재하지 않으며, 다른 방법으로 대해 달라는 싸인이다

6) 〈표 3〉은 노혜련・허남순. 2015.『해결을 위한 면접』중 pp. 1 - 25의 내용을 수정 보완하여 재구성한 것이다.

나쁜 이야기 경(A5:157)은 문제중심 접근과 해결중심 접근의 차이를 아주 잘 보여주는 경이라고 할 수 있다. 경의 내용 중 특히 "비구들이여, 다섯 사람에게 하는 이야기는, 적합한 사람을 옆에 두고 할 때, 나쁜 이야기다. 무엇이 다섯인가?"로 시작되는 전반부는 상담을 할 때 문제중심 접근이 갖는 한계가 무엇인지, 그리고 문제와 그 문제를 일으키는 원인에 초점을 두는 것이 내담자와 협력할 때 어떻게 장애가 될 수 있는지를 잘 보여준다.

내담자들은 많은 경우 자신이 가지고 있는 문제를 해결하기 위해 실천가를 찾아와 도움을 요청하지만 그들 대부분은 문제 해결의 실마리가 자신에게 있다고 여기기보다는 배우자, 자녀나 부모, 친구나 지인, 혹은 사회 등과 같은 외부 조건에 있다고 믿고 있다. 다시 말해 문제와 그 문제의 원인을 자신보다는 외부 환경에서 찾고 있고 따라서 문제를 해결하기 위해서는 내가 아닌 다른 사람과 환경이 바뀌어야 한다고 생각한다.

그러한 상황에서 실천가가 내담자인 당신이 가지고 있는 문제가 무엇이고, 그 문제가 발생할 수밖에 없는 원인이 무엇인지를 꼬집어서 내담자에게 알려주고 고치라고 했을 때 드러난 문제가 해결되는 경우는 많지 않다. 오히려 실천가가 문제를 지적할 경우 내담자들은 화를 내며, 나타난 문제가 자기 때문이 아니라고 설명하는데 많은 시간을 소비한다.

나쁜 이야기 경(A5:157)을 통해 나타난 붓다의 가르침은 문제와 그 원인에 초점을 두는 문제중심적인 접근이 내담자가 가지고 있는 문제를 해결하는데 때로는 효과적이지 않은 경우를 보여준다.

나쁜 이야기 경(A5:157)을 좀 더 자세히 살펴보자. "비구들이여, 믿음 없는 자가 믿음에 관한 이야기를 들으면 노여워하고, 화를 내고, 분노하고 분개한다. 분노와 성냄과 불만족을 거침없이 드러낸다."라는 말씀은 상담 현장에서 언급되는 저항과 관련하여 생각하게 한다. 실제로 상담에서 내담자들이 화를 내고 저항할 때 실천가와 내담자 사이에 협력적 관계는 깨지게 된다. 그렇다면 상담 시 내담자들은 언제 저항을 하는가? 내담자들은 자신이 가지고 있지 못한 것이나, 혹은 문제라고 인식하고 있는 것의 원인이 당신 때문이라는 지적을 받을 때 화를 내고 분노하게 되는데 붓다께서는 나쁜 이야기 경(A5:157)을 통해 바로 이 점을 정확히 지적하고 있다.

사실 해결중심 접근에서는 저항이라는 용어를 사용하지 않는다. 오히려 상담 과정에서 내담자가 화를 내거나 불만족을 표할 때 실천가는 내담자가 지금 하고 있는 것이 자신에게 도움이 되지 않고 있으므로 다르게 해달라고 알려주는 것이라고 받아들임으로써 문제를 지적하는 대신 내담자에게 도움이 되는 것을 따라가기 위해 노력한다(노혜련 · 김윤주, 2014).

또 다른 측면에서, 붓다는 믿음 없는 자에게 믿음에 대해 이야기하면 듣는 사람을 분노하고 불만족스럽게 만들 것이라고 말씀하고 계신데 이것은 '내담자에게 있지 않은 것을 새롭게 만들어 내도록 하거나, 혹은 내담자가 가지고 있는 것을 없애는 것은 효과적이지 못하다는 것'(노혜련 · 허남순, 2015)을 강조하고 있는 해결중심 접근과 일맥상통한다.

계속해서 나쁜 이야기 경(A5:157) 중 "비구들이여, 믿음의 구족을 자신에게서 보지 못하고, 그것으로 인하여 희열과 환희를 얻지 못하기 때문에 믿음 없는 자에게 믿음에 관한 이야기는 나쁜 이야기다." 라는 구절을 좀 더 살펴보도록 하자. '믿음의 구족을 자신에게서 보지 못하고' 라는 구절은 상담에서 문제 해결의 열쇠가 자기 자신에게 있음을 아직 인식하지 못한 상태를 의미한다고 볼 수 있다. 그리고 그것은 해결중심 접근에서 중요하게 여기는 '내담자에게 초점 돌리기' 와 관련해 살펴볼 수 있다. 즉 문제 해결에 관한 모든 관심이 내가 아닌 외부에 있다고 여기고 있는 내담자에게 실천가가 내담자 당신 스스로가 바뀌어야 한다고 조언하고 제안할 때 내담자는 당연히 분노하고, 분개하며, 불만족을 드러낼 수밖에 없다. 뿐만 아니라 실천가의 조언에 의해 혹시라도 문제가 해결되었다고 해도 그것은 내담자 스스로가 결정하고 노력하여 이루어낸 성과가 아니기 때문에 내담자는 비록 변화가 일어났다고 해도 그 안에서 희열과 환희를 얻기는 쉽지 않다. 붓다께서는 바로 이 점을 정확히 지적하고 있는 것이다.

한편, 나쁜 이야기 경(A5:157)의 후반부는 내담자가 가지고 있는 강점과, 능력, 자원이 무엇인지를 탐색하여 내담자에게 이미 있는 것으로부터 시작해야 한다는 해결중심 접근의 기본 원리를 잘 반영하고 있다.

여기서 "비구들이여, 믿음 있는 자에게 믿음에 관한 이야기는 좋은 이야기고, 계를 잘 지키는 자에게 계에 관한 이야기는 좋은 이야기고, 많이 배운 자에게 많이 배움에 관한 이야기는 좋은 이야기고, 베푸는 자에게 베풂에 관한 이야기는 좋은 이야기이고, 통찰지를 가진 자에게 통찰지에 관한 이야기는 좋은 이야기다." 라는 붓다의 말씀은 해결중심 접근에서 내담자 한 명 한 명이 가지고 있는 자신만의 강점에 초점을 두고 상담할 때 실천가와 내담자가 협력적 관계를 맺기 쉬우며, 가장 효과적인 개입을 할 수 있다는 해결중심 접근의 원리를 그대로 반영하고 있다.

이 때 강점이란 내담자가 가지고 있는 개인적 재능과 자질, 영성은 물론 학대와 질병, 혹은 약점을 극복하기 위해 노력해 온 과정에서 얻게 된 능력 모두를 포함한다(Saleebey, 2006). 예를 들어 나쁜 이야기 경(A5:157)에서 보듯이 상담 과정 속에서 실천가가 내담자가 많이 배워서 아는 것이 많은 것이 내담자의 강점이라고 확신하게 된다면 실천가는 그가 가지고 있는 학식에 대해 다룰 것이고, 규칙을 잘 지키는 것이 내담자가 원하는 삶을 살아가는데 도움이 된다는 것을 알게 되면 실천가는 규칙을 잘 지키는 것과 관련하여 내담자와 이야기 나눌 것이다. 그리고 이렇게 할 때 내담자들은 실천가와 만나는 것을 편안하게 여기고, 자신에게도 강점과 힘이 있다는 것에 대해 확신을 갖게 될 것이며, 자연스럽게 자신이 원하는 삶을 살아가기 위해 노력하기 시작할 것이다.

즉 내담자가 이미 가지고 있는 것, 잘 해온 것에 초점을 두게 될 때 내담자들은 문제투성이라고 여겼던 자신의 삶 속에서 예외를 발견할 수 있고, 성공경험을 탐색할 수 있다. 그리고 그러한 과정을 실천가와 함께 하면서 내담자들은 스스로에 대해 긍정적으로 생각하게 되고, 안정감을 찾고, 스스로를 변화를 이루어 낼 수 있는 존재라고 여기며, 자기 자신도 원하는 삶을 살아갈 수 있을 것이라는 자신감을 얻게 된다.

여기서 나쁜 이야기 경(A5:157)을 좀 더 살펴보도록 하자.

"비구들이여, 그러면 왜 믿음 있는 자에게 믿음에 관한 이야기는 좋은 이야기인가? 비구들이여, 믿음 있는 자가 믿음에 관한 이야기를 들으면 노여워하지 않고 화를 내지 않고 분노하지 않고 분개하지 않는다. 분노와 성냄과 불만족을 거침없이 드러내지 않는다. 그것은 무슨 이유 때문인가?"

그 이유를 해결중심적 시각에서 찾아본다면 사람들은 누구나 자신이 가지고 있는 강점과 잘 해온 성공 경험에 대해 이야기 할 때 스스로를 기특하다고 여기게 될 뿐만 아니라 자신의 강점을 알아주고, 또 문제를 해결하기 위해 기울인 자신의 시도와 노력을 알아준 실천가에게 호의를 가지고 감사하게 된다. 그리고 그렇게 되었을 때, 내담자와 실천가는 자연스럽게 협력적 관계를 구축할 수 있게 된다.

한편, "비구들이여, 그는 믿음의 구족을 자신에게서 보고 그것으로 인하여 희열과 환희를 얻기 때문이다. 그러므로 믿음 있는 자에게 믿음에 관한 이야기는 좋은 이야기다."라는 구절은 해결중심 접근에서 중요하게 여기는 '내담자에게 초점 돌리기'와 관련된다고 볼 수 있다. 사실 내담자의 대부분은 문제와 자신이 바라는 변화를 표현할 때 다른 사람이 문제이기 때문에 그가 달라졌으면 좋겠다고 이야기한다. 그러나 내담자가 본인에 대해 무력하다고 느끼는 상황에서 벗어나 스스로의 역량이 강화되었다고 느낄 수 있도록 도우려면 실천가는 내담자로 하여금 다른 사람이나 상황에 대한 불만보다는 그 상황에서 자신이 어떻게 달라지기를 원하는지, 해결구축을 위해 자신이 할 수 있는 것이 무엇인지 알 수 있도록 하는데 상담의 초점을 맞춰야 한다.

또 다른 측면에서 "비구들이여, 그는 믿음의 구족을 자신에게서 보고 그것으로 인하여 희열과 환희를 얻기 때문에 믿음 있는 자에게 믿음에 관한 이야기는 좋은 이야기다."라는 구절을 해결중심 접근에 적용해 보면 자신이 원하는 삶의 변화를 가능하게 하는 것은 부모, 자식 등 가족이나 친구, 직장동료, 혹은 외부 환경이 아니라 본인에게 달려 있음을 알고 스스로 노력하여 원하는 삶을 성취했을 때이며, 스스로의 노력으로 성취된 성공의 모든 공을 실천가가 아닌 내담자 자신에게 돌릴 수 있게 될 때 내담자들은 희열과 환희를 경험할 수 있게 된다는 것과 연결된다.

지금까지의 논의를 바탕으로 나쁜 이야기 경(A5:157) 속에 나타난 해결중심 접근의 철학과 원리가 실제 사회복지실천 현장에서는 어떻게 적용될 수 있는지 다음의 축어록[7]을 통해 자세히 살펴보도록 하자.

실천가: 안녕하세요. 가정방문을 허락해 주셔서 감사합니다.

내담자: 아니요. 이렇게 저희를 위해서 찾아오시는 게 감사하죠.

실천가: 그렇게 생각해주셔서 너무 감사합니다. 제가 오늘 아버님은 처음 뵙는데요. 오늘 어떤 이야기를 하면 '아, 이렇게 시간 내서 만나길 잘했다'라고 생각하실 수 있으실까요?

내담자: 하하. 그냥 이렇게 찾아오신 것만으로도 감사하죠. 음... 저희 부부가 건강이 안 좋습니다.

실천가: 건강이요? 어디가 안 좋으신지 여쭤 봐도 될까요?

7) 00종합사회복지관의 2017년도 사례 축어록 이다. 내담자는 질병으로 인한 고통이 심해 마약성 패치 없이는 일상생활이 어렵다. 자살 시도를 한 경험이 있으며 44세 가장으로 부인, 그리고 딸과 함께 살고 있다.

내담자: 저는 .. 음 뭐라고 하더라.. 너무 길어서... ○○○이라고 했어요(고통을 참는 듯한 표정을 지음)

실천가: 어디 안 좋으세요? 안 좋아 보이세요.

내담자: 이 병이 24시간 계속 통증이 있거든요. 제가 지금 참고 있는 거예요.

실천가: 하루 종일 통증이 있으시다구요?

내담자: 네. 제가 마약성 패치랑 약을 먹지 않으면 하루 종일 고통스러워요(고통을 참으며 이야기를 이어감). 선생님. 제가 사실 4년 전부터 ○○○ 기관 사람들이 와도 대꾸를 안했어요. 무슨 동물원 구경하듯이 내 상처들만 보고 가버리니까... 이후에 어떠한 지원과 연락조차 없었거든요. 그래서 조금 꺼려요.

이 부분은 상처, 즉 문제에 집중하는 실천가로 인해 마음의 상처를 입은 내담자가 이전에 만난 문제중심 실천가와는 원만한 관계를 맺지 못했음을 보여주는 부분으로 나쁜 이야기 경(A5:157)에서 믿음 없는 자가 믿음에 관한 이야기를 들으면 노여워하고, 화를 내고 분노하고 분개한다는 붓다의 말씀에 해당한다.

실천가: 지금 아버님께서는 가정 방문 오는 사람들한테 화가 많이 나 있는 상황이신 거 같아요. 혹시 저를 만나야겠다 라는 다짐을 어떻게 하셨는지 여쭤 봐도 될까요?

내담자: 우리 딸 때문에 오셨잖아요. 만나야죠. (웃으면서 통증을 참음)

실천가: 우리 아버님께서 따님을 많이 사랑하시나 봐요.

내담자: 그럼요. 당연하죠. 지금도 보시다시피 통증이 가시질 않습니다. 정말 죽고 싶다는 생각을 매일. 매초마다 했었죠. 부끄러운 얘기지만 죽으려고도 했어요. 손목도 그어보고... 유리창을 쳐서 동맥이 파열되기도 하고... 동맥이

파열됐을 때. 딸 얼굴을 봤어요. 울고 있더라구요. 그때 '내가 우리 딸한테 무슨 짓을 하는 거지?, 행복하게는 못해줄망정 울리고 있네? 이건 아닌 거 같은데..'라고 생각했어요. 그때부터 생각을 바꿔먹었어요. 내가 아프지만 우리 딸. 내 마누라들 눈에 나 때문에 눈물 흘리지 않게 해야겠다. 그때부터 긍정적으로 생각을 하기 시작했죠.

실천가: 아버님. 제가 아버님이 겪고 계신 고통을 경험해보지 못해서 감히 공감한다고 말씀드리지는 못하겠어요. 얼마나 고통스러우시겠어요. 그런데도 이렇게 이야기하시면서도 통증을 참고 계시잖아요.

내담자: 정말 가족들 생각하면서 버티는 거예요. 근데 신기한 게... 이젠 이놈의 고통을 참을 만하더라구요. 아니 참을 이유가 생긴 거예요. 아까 말했듯이 저희 부부가 건강이 안 좋다고 했잖아요. 제 마누라는 당뇨에 합병증까지 있어요. 눈이 잘 안보이고, 걷다가도 현기증 와서 잘 못 걸어요. 당뇨수치가 800이 나올 때가 있어요. 그래서 둘 다 일을 잘 할 수가 없어요. 그래서.......(한참동안 생각에 잠김). 딸한테 미안하죠. 갖고 싶은 거 못 사 주고.. 근데 지금까지 용돈 달라고 한 번도 안하더라구요. 자긴 아빠만 있으면 된다고.

이 부분은 해결중심 실천가가 내담자가 고통 속에서도 어떻게 잘 견뎌오고 있는지에 초점을 두고 상담하자 자신이 힘든 삶 속에서도 이렇게라도 버티고 살 수 있었던 것은 딸과 부인이 있어서 라고 말하며 자신의 강점을 찾아내고, 또 긍정적으로 생각하는 것이 원하는 삶을 살아가는데 도움이 된다는 것을 내담자 스스로 발견하면서 실천가와 편안하게 이야기하게 되는 것을 보여주는 부분으로 나쁜 이야기 경(A5:157)에서 믿음이 있는 자에게 믿음에 관한 이야기는 좋은 이야기라는 붓다의 가르침과 연결된다.

실천가: 아이고~ ○○이가 아빠를 많이 사랑하고 생각해주네요. 그럼 아버님. 저한테 ○○이 자랑 좀 해주세요.

내담자: (웃으면서)우리 ○○이는 진짜 효녀예요. 중학생 되면 친구들이랑 놀고 싶어 할 텐데... 집에 있는 아빠 심심해 할까봐 일찍 집에 와요. 와서 이런 저런 이야기하고... 밥도 해주고...안마도 해주고...가끔 산책도 같이 가주고... 예뻐 죽겠어요. 아~ 공부도 혼자 열심히 해요. 학원 다니고 싶고 그럴 텐데.. 자기는 집에서 공부 열심히 하면 된다고 하더라구요. 마음이 아프지만도 고맙죠. 제 보물이에요.

실천가: 아버님이 ○○이를 정말 사랑하고 아끼고 계신 게 느껴지네요.

내담자: 제가 ○○이한테 안 좋은 모습 많이 보여줬잖아요. 그러니 열심히 사랑해줘야죠.

실천가: 아버님. 그럼 아버님 가족은 어떠한 단어로 표현할 수 있을까요? 그런 거 있잖아요. 우리가족은 땡땡땡이다. 이렇게!

내담자: 우리가족은 스마일가족이다!

실천가: 스마일가족이요? 이유도 알려주세요.

내담자: 웃음은 복을 가져다주잖아요. 제가 긍정적으로 생각하니까 가족을 생각하게 되고.. 지금도 통증을 느끼는 중에도 선생님이랑 이야기를 하고 있잖아요. 하하하...이제는 어떠한 일이 생겨도...그래? 일단 웃자!! 라고 생각해요. 아프면 아플수록 가족한테 영구 흉내도 내고.. 그래서 돈은 좀 없어도 이 세상에서 제일 행복합니다.

실천가: 아버님에게는 가족이 정말 중요하고 보물같이 소중하시네요.

내담자: 가족이 없었으면 전 죽었을 겁니다. 정말 소중해요

실천가: 지금 아버님께서 가족과 함께 행복하신 게 느껴지네요. 지금도 가족을 위해서 훌륭히 노력하고 계신 걸 잘 알고 있습니다. 혹시 여기서 더 행복하기

위해서 아버님이 생각하고 계신 게 있으신지요? 작은 거라도요.

내담자: 행복하고 좋은 추억들을 만들고 싶어요. 같이 놀이공원도 가보고.. 다른 아빠들처럼 손잡고 산책도해보고. ○○이한테 좋은 추억을 만들어주고 싶어요.

실천가: 이런 추억들을 만들려면 아버님이 하실 수 있는 작은 노력이라고 해야 하나요? 어떤 것들을 하실 수 있으실까요?

내담자: 긍정적으로 생각하고. 아파도 딸과 마누라 생각하면서 이겨내고. 의사선생님이 말했어요. 치료의 첫 번째는 긍정적인 생각이라고. 완치되는 것이 목표지만... 완치되려면 좋은 생각만 해야 하잖아요. 첫째로 이걸 할 겁니다. 긍정적으로 생각하기(크게 웃지만 통증을 참음).

실천가: 지금도 훌륭하게 해내시고 있으시잖아요.

내담자: 더 노력할겁니다. 죽을 때도 웃으면서 갈 겁니다.

이 부분은 비록 아픔에도 불구하고 가족과 함께 행복하게 살기 위해서 긍정적으로 생각하고 웃는 것이 도움이 된다는 것을 알고, 내담자 스스로 그렇게 하기 위해 노력하고 있다는 것에 대해 해결중심 실천가가 칭찬하고 지지하자 내담자가 기뻐하며 자신에 대한 자존감이 높아지고 희망이 생기는 것을 보여주는 부분으로 나쁜 이야기 경(A5:157)에서 믿음이 있는 자에게 믿음에 관한 이야기가 좋은 이야기인 이유는 믿음의 구족을 자신에게서 보고 그것으로 인하여 희열과 환희를 얻기 때문이라는 붓다의 가르침과 일치한다.

실천가: 아버님의 노력이 정말 대단하십니다. 어떠한 아버님 보다 더요.

내담자: 아니에요. 근데 오늘 정말 감사합니다. 이렇게 긴 시간 제 얘기를 들어주셔서요. 한글도 모르는 놈인데. 마음이 왠지 모르게 후련해졌어요.

실천가: 아닙니다. 통증이 계속되는 것도 참고 얘기해주셨잖아요. 제가 더 감사하지요.

내담자: 딸을 위해서 온 분이시잖아요. 잘 부탁드립니다.

실천가: ○○이랑 이야기 할 때. ○○이 이야기 잘 들어보겠습니다.

내담자: 선생님은 우리 ○○이 이야기를 잘 들어주실 꺼라 믿습니다.

이 부분은 해결중심 실천가가 상담을 통해 가족과 함께 웃으면서 행복한 추억을 만들며 살아가는 것이 내담자가 원하는 삶이라는 것을 알게 되면서 그것에 초점을 두자 내담자는 실천가에게 감사를 표하면서 자신의 딸을 부탁하는 등 좋은 관계를 맺게 되는 부분으로 나쁜 이야기 경(A5:157)에서 믿음이 있는 자가 믿음에 관한 이야기를 들으면 노여워하지 않고, 화를 내지 않고, 분노하지 않고 분개하지 않는다. 분노와 성냄과 불만족을 거침없이 드러내지 않는다 라는 붓다의 가르침과 일맥상통한다.

실천가: 당연히 그래야죠. 이제 ○○이랑 이야기 할 껀 데요. 혹시 더 얘기하고 싶으신 게 있으실까요?

내담자: 아닙니다. ○○아! 선생님이 기다리신다. 나와 봐.

실천가: 아버님. 오늘 만나주셔서 감사하구요. 조만간 다시 연락드리겠습니다.

내담자: 네 그러셔요.

내담자는 축어록에 나타난 바와 같이 000으로 인해 피부이식 수술을 받았지만 이식받은 피부에서 진물과 염증이 생겨 극심한 고통을 겪고 있다. 이로 인해 내담자는 두 차례에 걸쳐 자살 시도를 했으며, 참기 어려운 통증 때문에 생기는 괴이한 표정과 몸짓으로 인해 사람들과 관계 맺기가 어려운 상황이다. 내담자는 4년 전부터 다른 기관의 실천가들이 가정방문을 통해 찾아오기는 했지만 그들로부터 실질적인 도움을 받지 못했다고 생각하고 있었으며, 해결중심 실천가와는 이번에 처음 만났다.

실천 현장에서 흔히 말하는 비자발적인 내담자와 해결중심 실천가가 처음 만났을 때 어떻게 협력적 관계를 구축해 나가는지 축어록을 통해 자세히 살펴보도록 하자.

실천가는 내담자의 가정에 방문하여 처음 인사를 나누는 상황에서 가정방문을 허락해 준 것에 대해 감사를 전하고 있다. 일반적으로 실천가들은 지원을 하는 원조자의 역할을 하는 자신이 가정방문을 하게 되면 도움을 필요로 하는 내담자들은 당연히 그것에 응하여야 한다고 생각한다. 그러나 실제로 도움이 필요한지, 그리고 어떤 도움을 받을 것인지 여부는 전적으로 내담자의 결정에 달려 있으며, 내담자가 가정방문을 원하지 않을 경우 실천가는 내담자를 만나기 어렵게 된다. 특히 다른 기관이나 주민들의 요청에 의해 실천가가 내담자를 만나야만 할 경우 내담자가 가정방문을 거절하면 실천가는 자신에게 요구되는 역할을 수행할 수 없게 된다. 해결중심 실천가는 바로 그 점을 인식하고 있었기 때문에 내담자가 가정방문을 허락해 준 것에 대해 감사를 표하면서 상담을 시작하고 있다.

그리고 실천가는 '오늘 어떤 이야기를 하면 아, 이렇게 시간 내서 만나길 잘했다고 생각하실 수 있을까요?' 라고 묻는다. 이 질문은 해결중심 상담에서 내담자가 달라지기를 바라는 것이 무엇인지, 즉 원하는 변화가 무엇인지를 구체화 하는데 효과적인 질문으로서 내담자가 원하는 삶은 어떤 모습인지에 대해 바로 탐색해 나갈 수 있도록 돕는다.

그러나 내담자는 부부가 모두 건강이 좋지 않다며 자신의 병과 그로 인한 고통에 대해 말하면서 이전에 만났던 다른 기관의 실천가에 대한 불평과 불만을 이야기 하고 있다. 그러자 해결중심 실천가는 내담자의 화난 마음을 알아주면서 '저(실천가)를 만나야 겠다 라는 다짐을 어떻게 하시게 되었는지 여쭤 봐도 될까요?' 라고 묻고 있다. 이 질문은 내담자가 상담을 받는 것이 좋겠다고 생각하는 이유가 무엇인지에 대해 알아보기 위한 질문으로 내담자에게 있어 상담의 목표가 무엇인지를 탐색하기 위한 질문이다.

사실 '오늘 어떤 이야기를 하면 아, 이렇게 시간 내서 만나길 잘 했다고 생각하실 수 있을까요?'라는 질문과 '저(실천가)를 만나야 겠다 라는 다짐을 어떻게 하시게 되었는지 여쭤 봐도 될까요?'라는 질문은 모두 내담자가 원하는 변화가 무엇인지를 살펴보기 위한 질문이다. 실천가는 내담자가 문제에 빠져들지 않고 해결로 나아갈 수 있도록 돕기 위해 질문의 형태만 달리해서 계속해서 내담자가 원하는 변화에 대해 묻고 있는 것이다.

그러자 내담자는 자신에게 가장 중요한 사람인 딸에 대해 이야기하기 시작한다. 해결중심 접근은 문제와 그 원인이 아니라 내담자에게 중요한 사람과 내담자가 가지고 있는 가치와 철학, 내담자의 준거 틀을 따라가는 것이 핵심이다. 실천가는 상담을 통해 내담자에게 있어 중요한 사람이 딸이고, 그 딸을 도와 줄 수 있는 사람이 실천가 바로 자신이라고 생각했기 때문에 내담자가 만나기로 결심했다는 것을 알게 된다.

따라서 실천가는 딸과 내담자 사이의 관계가 어떤지를 알아보기 위해 먼저 딸 자랑을 해달라고 요청하면서 딸에 대해 내담자가 어떻게 느끼고 있는지 조심스럽게 살피고 있다. 그리고 내담자가 중요하게 여기는 딸의 강점을 내담자 스스로 말할 수 있는 기회를 제공함으로써 아버지로서의 뿌듯함, 딸에 대한 감사함을 드러내게 하면서 실천가는 딸을 내담자가 살아갈 원동력으로 활용하고 있다. 그리고 더 나아가 내담자가 가족에 대해 어떤 의미를 부여하고 있는지를 알아보기 위해 가족을 어떤 단어로 표현할 수 있을지 질문함으로써 지금의 고통스러운 현실을 견딜 수 있도록 하는 힘이 많이 웃는 것과 또 긍정적으로 생각하려고 노력하는 것에 있음을 내담자 스스로 발견하도록 돕고 있다.

만약 힘든 일을 겪을수록 웃고, 긍정적으로 살아야 한다고 실천가의 입장에서 조언하고, 충고했다면 내담자는 그것에 동의하지 않을 수도 있다. 그러나 축어록에서 보이는 바와 같이 실천가가 내담자 스스로 자신의 삶속에서 어떤 노력과 시도를 하고 있는지를 궁금해 하며 질문하자 내담자는 우리 가족은 스마일 가족이라고 답하고 있다. 더 나아가 실천가는 웃으면서 긍정적으로 생각하는 것이 내담자 스스로 자신의 강점임을 발견하도록 돕고 있으며, 내담자가 아빠로서 또 남편으로서 힘은 들어도 계속 해서 행복하게 살기 위해 노력할 수 있도록 지지하고 있다.

실천가와 내담자가 만난 첫 상담 임에도 불구하고 실천가가 내담자가 처한 문제와 그 원인에 대해 초점을 두는 대신 내담자의 강점을 발견해 내고, 그가 시도해왔던 노력들에 대해 궁금해 하고, 아버지로서, 남편으로서 앞으로 어떻게 살고 싶어 하는지에 초점을 두자 내담자는 실천가와의 만남을 아주 편안하게 받아들이고 자신이 원하는 삶의 모습에 대해 자세히 이야기하고 있다. 이렇게 내담자와 실천가 사이에 협력적 관계가 맺어지고 내담자의 실천가에 대한 신뢰가 형성되자 내담자는 실천가가 딸의 이야기도 잘 들어줄 것이라고 믿으며 안심하고 있는 것이다.

'믿음 있는 자에게 믿음에 관한 이야기는 좋은 이야기로서 믿음 있는 자가 믿음에 관한 이야기를 들으면 믿음의 구족을 자신에게서 보고 그것으로 인하여 희열과 환희를 얻기 때문에 노여워하지 않고 화를 내지 않고 분노하지 않고 분개하지 않게 된다.'는 나쁜 이야기 경(A5:157) 속 붓다의 가르침은 내담자가 가진 강점, 예외, 성공경험, 그가 시도한 노력을 실천가가 내담자와 함께 발견해 내고 이것을 칭찬하고 지지를 할 때, 실천가와 내담자는 긍정적인 협력관계를 맺을 수 있게 되고, 더 나아가 내담자의 역량이 강화되면서 내담자 스스로 자신의 삶에 만족하고 행복하게 여기게 된다는 해결중심 접근의 원리에 부합된다는 것을 알 수 있다.

나쁜 이야기 경 (A5:157)

"비구들이여, 다섯 사람에게 하는 이야기는, 적합한 사람을 옆에 두고 할 때, 나쁜 이야기다. 무엇이 다섯인가?"

"비구들이여, 믿음 없는 자에게 믿음에 관한 이야기는 나쁜 이야기이고, 계행이 나쁜 자에게 계에 관한 이야기는 나쁜 이야기고, 배움이 적은 자에게 많이 배움에 관한 이야기는 나쁜 이야기이고, 인색한 자에게 베풂에 관한 이야기는 나쁜 이야기고, 통찰지가 없는 자에게 통찰지에 관한 이야기는 나쁜 이야기다."

"비구들이여, 그러면 왜 믿음 없는 자에게 믿음에 관한 이야기는 나쁜 이야기인가?

비구들이여, 믿음 없는 자가 믿음에 관한 이야기를 들으면 노여워하고 화를 내고 분노하고 분개한다. 분노와 성냄과 불만족을 거침없이 드러낸다. 그것은 무슨 이유 때문인가? 비구들이여, 그는 믿음의 구족을 자신에게서 보지 못하고 그것으로 인하여 희열과 환희를 얻지 못하기 때문이다. 그러므로 믿음 없는 자에게 믿음에 관한 이야기는 나쁜 이야기다."

"비구들이여, 그러면 왜 계행이 나쁜 자에게 계에 관한 이야기는 나쁜 이야기인가?

비구들이여, 계행이 나쁜 자가 계에 관한 이야기를 들으면 노여워하고 화를 내고 분노하고 분개한다. 분노와 성냄과 불만족을 거침없이 드러낸다. 그것은 무슨 이유 때문인가? 비구들이여, 그는 계행의 구족을 자신에게서 보지 못하고 그것으로 인하여 희열과 환희를 얻지 못하기 때문이다. 그러므로 계행이 나쁜 자에게 계에 관한 이야기는 나쁜 이야기이다."

"비구들이여, 그러면 왜 배움이 적은 자에게 많이 배움에 관한 이야기는 나쁜 이야기인가?

비구들이여, 배움이 적은 자가 많이 배움에 관한 이야기를 들으면 노여워하고 화를 내고 분노하고 분개한다. 분노와 성냄과 불만족을 거침없이 드러낸다. 그것은 무슨 이유 때문인가? 비구들이여, 그는 배움의 구족을 자신에게서 보지 못하고 그것으로 인하여 희열과 환희를 얻지 못하기 때문이다. 그러므로 배움이 적은 자에게 많이 배움에 관한 이야기는 나쁜 이야기다."

"비구들이여, 그러면 왜 인색한 자에게 베풂에 관한 이야기는 나쁜 이야기인가?

비구들이여, 인색한 자가 베풂에 관한 이야기를 들으면 노여워하고 화를 내고 분노하고 분개한다. 분노와 성냄과 불만족을 거침없이 드러낸다. 그것은 무슨 이유 때문인가? 비구들이여, 그는 베풂의 구족을 자신에게서 보지 못하고 그것으로 인하여 희열과 환희를 얻지 못하기 때문이다. 그러므로 인색한 자에게 베풂에 관한 이야기는 나쁜 이야기다."

"비구들이여, 그러면 왜 통찰지가 없는 자에게 통찰지에 관한 이야기는 나쁜 이야기인가?

비구들이여, 통찰지가 없는 자가 통찰지에 관한 이야기를 들으면 노여워하고 화를 내고 분노하고 분개한다. 분노와 성냄과 불만족을 거침없이 드러낸다. 그것은 무슨 이유 때문인가? 비구들이여, 그는 통찰지의 구족을 자신에게서 보지 못하고 그것으로 인하여 희열과 환희를 얻지 못하기 때문이다. 그러므로 통찰지가 없는 자에게 통찰지에 관한 이야기는 나쁜 이야기다.

비구들이여, 이러한 다섯 사람에게 하는 이야기는, 적합한 사람을 옆에 두고 할 때, 나쁜 이야기다."

"비구들이여, 다섯 사람에게 하는 이야기는, 적합한 사람을 두고 할 때, 좋은 이야기다. 무엇이 다섯인가?"

"비구들이여, 믿음 있는 자에게 믿음에 관한 이야기는 좋은 이야기고, 계를 잘 지키는 자에게 계에 관한 이야기는 좋은 이야기고, 많이 배운 자에게 많이 배움에 관한 이야기는 좋은 이야기고, 베푸는 자에게 베풂에 관한 이야기는 좋은 이야기고, 통찰지를 가진 자에게 통찰지에 관한 이야기는 좋은 이야기다."

"비구들이여, 그러면 왜 믿음 있는 자에게 믿음에 관한 이야기는 좋은 이야기인가?

비구들이여, 믿음 있는 자가 믿음에 관한 이야기를 들으면 노여워하지 않고 화를 내지 않고 분노하지 않고 분개하지 않는다. 분노와 성냄과 불만족을 거침없이 드러내지 않는다. 그것은 무슨 이유 때문인가? 비구들이여, 그는 믿음의 구족을 자신에게서 보고 그것으로 인하여 희열과 환희를 얻기 때문이다. 그러므로 믿음 있는 자에게 믿음에 관한 이야기는 좋은 이야기다."

"비구들이여, 그러면 왜 계를 잘 지키는 자에게 계에 관한 이야기는 좋은 이야기인가?

비구들이여, 계를 잘 지키는 자가 계에 관한 이야기를 들으면 노여워하지 않고 화를 내지 않고 분노하지 않고 분개하지 않는다. 분노와 성냄과 불만족을 거침없이 드러내지 않는다. 그것은 무슨 이유 때문인가? 비구들이여, 그는 계의 구족을 자신에게서 보고 그것으로 인하여 희열과 환희를 얻기 때문이다. 그러므로 계를 잘 지키는 자에게 계에 관한 이야기는 좋은 이야기다."

"비구들이여, 그러면 왜 많이 배운 자에게 많이 배움에 관한 이야기는 좋은 이야기인가?

비구들이여, 많이 배운 자가 많이 배움에 관한 이야기를 들으면 노여워하지 않고 화를 내지 않고 분노하지 않고 분개하지 않는다. 분노와 성냄과 불만족을 거침없이 드러내지 않는다. 그것은 무슨 이유 때문인가? 비구들이여, 그는 배움의 구족을 자신에게서 보고 그것으로 인하여 희열과 환희를 얻기 때문이다. 그러므로 많이 배운 자에게 많이 배움에 관한 이야기는 좋은 이야기다."

"비구들이여, 그러면 왜 베푸는 자에게 베풂에 관한 이야기는 좋은 이야기인가?

비구들이여, 베푸는 자가 베풂에 관한 이야기를 들으면 노여워하지 않고 화를 내지 않고 분노하지 않고 분개하지 않는다. 분노와 성냄과 불만족을 거침없이 드러내지 않는다. 그것은 무슨 이유 때문인가? 비구들이여, 그는 베풂의 구족을 자신에게서 보고 그것으로 인하여 희열과 환희를 얻기 때문이다. 그러므로 베푸는 자에게 베풂에 관한 이야기는 좋은 이야기다."

"비구들이여, 그러면 왜 통찰지를 가진 자에게 통찰지에 관한 이야기는 좋은 이야기인가?

비구들이여, 통찰지를 가진 자가 통찰지에 관한 이야기를 들으면 노여워하지 않고 화를 내지 않고 분노하지 않고 분개하지 않는다. 분노와 성냄과 불만족을 거침없이 드러내지 않는다. 그것은 무슨 이유 때문인가? 비구들이여, 그는 통찰지의 구족을 자신에게서 보고 그것으로 인하여 희열과 환희를 얻기 때문이다. 그러므로 통찰지를 가진 자에게 통찰지에 관한 이야기는 좋은 이야기다.

비구들이여, 이러한 다섯 사람에게 하는 이야기는, 적합한 사람을 옆에 두고 할 때, 좋은 이야기다."

대림스님 역(2013), 『앙굿따라 니까야 3』 초기불전연구원. pp.349-353.

3. 사례분석 3 : 시하 경 (A7:54)

해결중심 접근에서는 내담자가 원하는 변화를 구체화하기 위해서 상담의 목표를 정할 때 첫째 내담자에게 중요한 것, 둘째 상호작용의 모습으로 나타나는 것, 셋째 문제를 없애는 것 대신 원하는 행동으로 표현할 수 있는 것, 넷째 마지막 결과가 아니라 시작, 다섯째 작고 구체적이며 행동으로 옮길 수 있고, 보고 알 수 있는 것, 여섯째 현실에서 할 수 있는 것, 일곱째 변화과정에서 내담자가 할 수 있는 것, 여덟째 변화는 쉽지 않은 일이라고 강조하는 것이 중요하다고 여긴다. 그 이유는 목표가 그러한 특성을 지닐 때 내담자들은 일상적인 삶 속에서 스스로의 노력으로 인하여 나타나는 변화와 결실들을 지금, 여기에서, 스스로, 보아, 알 수 있게 되기 때문이다.

실제로 해결중심 실천가로부터 상담을 받은 내담자는 상담을 통해 과거가 아닌 지금 이 순간, 자신이 살고 있는 바로 여기에서, 다른 사람이 아닌 내담자 스스로가 원하는 삶을 살기 위해 직접 노력하고 실천할 때 문제 상황에서 벗어나 해결을 향해 나아가는 자신의 변화를 일상 속에서 찾아보고 알 수 있게 된다. 그리고 그러한 변화는 내담자에게 있어 상담을 통해 얻게 된 결실이라고 할 수 있다.

시하 경(A7:54) 속에서 시하 대장군은 세존께 지금 여기서 스스로 보아 알 수 있는 보시의 결실을 말씀해 달라고 요청하고 있다. 여기서 주목할 점은 '지금, 여기서, 스스로, 보아, 알 수 있는' 구체적인 보시의 결실이 무엇인가? 라는 것인데 시하 경(A7:54) 속 붓다의 가르침이 해결중심 접근과 어떻게 연관될 수 있는지 살펴보도록 하자.

시하 경(A7:54)에 따르면 시하 대장군은 다음과 같이 답하고 있다.

> "세존께서 말씀하신 지금 여기서 스스로 보아 알 수 있는 여섯 가지 보시의 결실에 대해서는 단지 세존에 대한 믿음만으로 받아들이는 것이 아니라 저 자신도 또한 이 여섯 가지를 알고 있습니다. 세존이시여, 저는 보시를 행하는 보시의 주인이어서 아라한들은 저를 먼저 연민합니다. 세존이시여, 저는 보시를 행하는 보시의 주인이어서 아라한들은 저를 먼저 방문합니다. 세존이시여, 저는 보시를 행하는 보시의 주인이어서 아라한들은 저의 보시를 먼저 받습니다. 세존이시여, 저는 보시를 행하는 보시의 주인이어서 아라한들은 제게 먼저 법을 설합니다. 세존이시여, 저는 보시를 행하는 보시의 주인이어서 제게는 좋은 명성이 따릅니다. 세존이시여, 저는 보시를 행하는 보시의 주인이어서 끄샤뜨리야의 회중이나 바라문의 회중이나 장자의 회중이나 사문의 회중이나 그 어떠한 회중에 들어가더라도 두려움이 없고 당당하게 들어갑니다. 세존이시여, 세존께서 말씀하신 지금 여기서 스스로 보아 알 수 있는 이러한 여섯 가지 보시의 결실에 대해서는 단지 세존에 대한 믿음만으로 받아들이는 것이 아니라 저 자신도 또한 이 여섯 가지를 알고 있습니다."

이러한 내용을 통해 시하 대장군이 말하는 여섯 가지 보시의 결실은 결국 시하 대장군이 직접 보시를 행했기 때문에 거둘 수 있었다는 것을 알 수 있다.

한편, 시하 대장군의 대답은 다음과 같이 일상생활에 대입 해 볼 수 있다. 어려움에 처한 사람들을 사랑하고 그들을 돕기 위해 노력하는 선한 사람이 있을 경우, 지혜로운 사람은 그러한 선한 사람에게 먼저 관심을 갖고, 사랑하며, 자신이 가지고 있는 지혜를 나누어 준다. 그리고 선한 사람은 어려움에 처한 사람을 사랑하고 그들을 돕기 위해 스스로가 노력했기 때문에 어떤 모임이나 어떤 인간관계에서도 환영받으며 거리낌 없이 당당하게 관계를 맺을 수 있게 된다. 이처럼 일상생활 속에서도 어려움에 처한 사람을 사랑하고 돕기 위해 노력한 선한 사람은 자신의 노력 때문에 이처럼 그에 걸맞는 결실을 맺게 된다.

해결중심 실천가는 내담자와 만나 과거에 무슨 문제가 있었는지, 그 문제로 인해 어떤 어려움을 겪었는지에 대해 깊이 질문하지 않는다. 다시 말해 내담자가 가지고 온 문제가 무엇이고, 그 문제의 원인이 어디에서 기인하며, 그 문제가 얼마나 지속되어 왔고, 그 문제로 인해 또 다른 어떤 문제들이 발생하고 있는지에 집중해 묻지 않는다.

대신 해결중심 실천가는 내담자에게 상담을 통해 무엇이 조금 달라지면 현재의 삶이 나아지겠는지에 대해 질문한다. 그리고 내담자가 생활하고 있는 '지금', '바로 여기', 예를 들어 가정, 학교, 직장, 지역사회에서 매일 매일의 일상생활을 '스스로' 어떻게 하고 있는지에 대해 관심을 갖는다. 다시 말해 내담자 자신이 원하는 삶을 살아가기 위해 시도한 것, 노력한 것은 무엇인지, 그리고 그 중에 예외적이고 성공적이었던 경험은 무엇인지에 대해 질문한다. 내담자들은 그와 같은 실천가의 질문에 대답하면서 자신의 강점과, 힘, 능력 등을 발견하게 될 뿐만 아니라 자신의 삶 속에서 살펴 '보아' '알 수 있는' 변화, 즉 결실이 무엇인지를 찾아내게 된다. 그리고 그러한 과정을 경험하면서 내담자들은 자신이 원하는 삶을 살기 위해 자신이 할 수 있는 것을 계속 시도할 수 있는 원동력을 얻게 되고, 그 힘을 바탕으로 궁극적으로는 자신이 갖고 있던 문제를 해결하고 원하는 삶을 살게 된다.

이렇게 볼 때 스스로 보시를 행하는 주인이었던 시하 대장군이 '지금' '여기서' '스스로' '보아' '알 수 있는' 보시의 6가지 결실을 거두는 것과 해결중심 상담을 받은 내담자가 일상 속에서 '지금' '여기서' '스스로' '보아' '알 수 있는' 변화를 경험하는 것은 일맥상통하는 결과라고 볼 수 있다.

여기서 해결중심 실천가의 사례 이야기[8)]를 살펴보자.

내담자는 전기관련 사업을 하다 부도가 난 후 이혼을 하고 일용직으로 혼자 생활을 해 왔다. 알코올 문제가 심해지고, 우울과 자살 위험이 많아 동 주민 센터와 정신건강증진센터, 00종합사회복지관으로부터 다양한 서비스를 지원받고 있었다.

그러던 중 각종 물질적인 서비스와 프로그램을 제공하는 동 주민 센터와 정신건강증진센터에 비해 상대적으로 상담(해결중심 상담)만을 제공하였던 00종합사회복지관은 내담자가 취업성공 패키지에 참여하게 되면서 자연스럽게 종결을 하였다.

종결 후 2개월쯤 지난 시점에 내담자는 휴대전화 요금을 납부하지 못해 00종합사회복지관 000선생님께 전화를 할 수 없다며 119 상황실에 실천가의 연락처를 알려주고, 자신이 사고를 칠 것 같으니 빨리 와 달라고 대신 전해줄 것을 요청하였다.

119 상황실에서는 내담자가 자살 위험이 있다고 판단하고 즉시 000 실천가[9)]

8) 알코올 중독, 우울증과 자살 위험, 빈곤 등 복합적인 문제로 00종합사회복지관으로부터 서비스를 받고 있는 53세 남성 내담자의 2018년 사례이다.
9) 실천가는 매월 1회씩 2년 동안 해결중심 슈퍼비전을 받으면서 내담자들과 만나 해결중심 실천을

에게 연락을 해 주었다. 실천가가 전화를 하자 내담자는 "선생님, 저 사고 칠 것 같아요. 머리도 아프고 더 이상 말하기도 힘들어요" 라고 말하고 전화를 끊었다. 이에 담당 실천가는 동료 실천가와 가정방문을 하였는데 당시 내담자는 술에 만취한 상태로 실천가에게 죽기 전에 선생님 얼굴 한번 보고 싶어서 119에 전화를 했다고 하였다.

이 때 실천가는 왜 술에 취하게 되었는지, 왜 죽어야겠다는 생각을 하게 되었는지를 묻지 않았다. 대신 그렇게 힘든 상황에서 어떻게 119에 연락할 생각을 할 수 있었는지 정말 대단하시다고 지지를 하면서 그렇게 힘든 순간에 어떻게 담당자인 자신을 떠올리고 이렇게 연락을 해 주셨는지를 물으며 감사하다는 말을 전하였다. 그리고 아직 술기운이 남아 있는데 더 이야기를 하고 싶은지 술이 좀 깬 다음에 다시 만나고 싶은지 내담자의 의견을 물었다.

내담자가 다시 만나는 것이 좋겠다고 하여 다음 날 실천가는 다시 내담자의 가정을 방문하였다. 그리고 왜 자살을 하려고 했는지, 왜 그렇게 술에 취했는지를 묻는 대신에 어떻게 119를 통해 담당자인 자신에게 연락할 생각을 했는지, 종결 후 어떻게 지냈는지, 무슨 이야기를 하고 싶은지에 대해서 질문하였다. 그러자 내담자는 자신의 이야기를 툭 털어 놓고 이야기하고 싶었는데 이야기를 들어 줄 사람이 000선생님 당신 밖에 없었기 때문에 연락을 하였다면서 상담이 종결된 이후 상황들에 대해 스스로 이야기하기 시작하였다.

내담자는 복지관에서 상담을 종결한 후, 취업성공 패키지 프로그램이 4월에 종료 되었을 때 수급권 선정 여부에 대한 불안, LH 매입 임대주택 입주 결정 지연으로 인한 주거에 대한 불안 때문에 힘들어 술을 마시고 자살을 시도했었다

하고 있다.

고 하였다. 실천가는 내담자가 자신이 얼마나 힘들었는지에 대해 이야기 하는 것을 들으면서 그 문제가 얼마나 심각하고, 또 얼마나 오랫동안 지속되어 왔는지에 대해 묻기 보다는 그럼에도 불구하고 그렇게 힘든 상황을 지금까지 어떻게 견뎌왔는지에 대해 질문하면서 내담자를 지지하였다. 그러자 내담자는 자살시도도 하고 알코올을 마시기도 했지만 어떻게든 잘 살아보기 위해 취업성공패키지에 열심히 참여하면서 스스로 노력했던 작은 시도들에 대해 이야기 하였다. 그리고 앞으로 무엇이 조금 나아지면 지내는 것이 나아질지에 대해 이야기 나누는 것이 어떨지 내담자에게 의견을 묻자 내담자는 다음에 또 한 번 만나고 싶다고 자신의 의견을 밝혔다.

그 후 내담자는 복지관에 직접 방문하여 자신이 알코올만 아니면 일도 할 수 있고, 살아갈 의지도 있기 때문에 별 문제 없이 살 수 있을 것 같은데 알코올이 제일 문제인 것 같다면서 어디에 가서 어떤 프로그램을 하면 좋을지 알아봐 달라고 요청하였다. 특히 내담자는 자신이 예전에 정신병원에 알코올 치료를 위해 입원한 경험이 있는데 그곳에서는 자신의 의지를 오히려 꺾어서 알코올을 끊을 수 있게 도와주지 못했다면서 자신의 의지를 북돋아 주며 도와줄 수 있는 곳이 있으면 소개해 달라고 하였다.

위 사례 이야기에서 볼 수 있듯이 해결중심 실천가는 내담자에게 나타난 문제, 즉 과거의 자살시도나 알코올 문제에 대해 거의 다루고 있지 않다. 대신 자살시도라는 극한 상황 속에서도 어떻게 '지금' 현재 119에 전화를 해서 담당자인 자신에게 연락을 취할 생각을 했는지를 궁금해 하며 내담자를 지지하고 있다.

실천가는 시하 경(A7:54)에서 다루고 있는 것처럼 과거가 아닌 '지금'에 초점을 두고 상담하고 있다.

실천가는 사례 종결 후 내담자가 살고 있는 '여기' 이곳에서 어떻게 일상생활을 하고 있는지 묻고 있다. 특히 실천가는 내담자가 힘든 상황 속에서도 어떻게 견딜 수 있었는지 그리고 일상생활 가운데 여기에서 어떻게 지내고 싶은지에 대해 궁금해 한다. 그러자 내담자는 자신이 종결 후에 수급권에 대한 걱정, 주거상황에 대한 염려 등으로 불안하고 우울했음에도 불구하고 일상생활에서 자신이 노력한 것들에 대해 이야기한다.

실천가는 시하 경(A7:54)에서 강조한 '여기', 즉 자신이 살고 있는 여기에서 무슨 일이 있었는지, 이곳에서 어떻게 지내고 싶은지에 초점을 두고 상담하고 있다.

특히 내담자는 실천가가 자살을 시도하고 알코올을 마시면서도 어떻게 견뎌왔는지를 물으며 지지하자 오히려 자신이 그 상황에서도 스스로 노력했던 것, 예를 들어 취업성공 패키지에 참여하기 위해 기울인 노력 등에 대해 이야기 한다.

실천가가 시하 경(A7:54)에서 강조한대로 내담자 '스스로' 어떤 노력을 했는지 관심을 갖고 질문하자 내담자는 자신이 했던 시도와 노력들에 대해서 이야기하고 있다.

내담자는 그렇게 자신이 직접 실천하고 노력했던 것에 대해 실천가에게 이야기하면서 자신의 강점, 즉 예전에 알코올을 끊기 위해 병원에 입원했던 경험이 있다는 것, 알코올이 원하는 삶을 사는데 방해가 된다는 사실을 아는 것, 알코올을 끊으려는 의지가 자기 자신에게 있다는 것을 살펴보게 되고 구체적으로 알 수 있게 된다.

실천가가 내담자 스스로 자신이 살고 있는 이곳에서, 지금 현재, 어떤 노력을 하고 있는지에 대해 질문하자 내담자는 자신이 한 노력과 그에 따른 변화, 그리고 자신의 강점을 찾아보게 되고, 알게 된다. 그리고 이것은 시하 경(A7:54)에서 강조한 '보아', '알 수 있는'에 해당된다.

이처럼 내담자는 해결중심 실천가와의 상담을 통해 자신의 의지를 꺾지 않고 북돋아주면서 알코올 중독에서 벗어날 수 있도록 도와줄 수 있는 기관이나 프로그램을 알아봐 달라고 실천가에게 요청하고 있다. 자발적 입원을 하고 싶다는 내담자의 결정은 알코올 중독자에게서 흔히 나타나기 어려운 상담의 성과라고 할 수 있다. 뿐만 아니라 해결중심 실천가와의 만남은 내담자로 하여금 알코올 중독이라는 힘든 상황을 극복하고 잘 살아보고 싶다는 의지를 발휘하고, 실제 일상생활 속에서 노력하게 만드는 원동력으로 작용하고 있다.

알코올 중독자인 내담자에게 있어 자발적 입원을 하고 싶다는 결정은 시하 경(A7:54)에서 강조한 '보시의 결실'에 해당된다.

위 사례를 통해서도 시하 경(A7:54)에서 다루고 있는 '지금 여기서 스스로 보아 알 수 있는 보시의 결실'과 '해결중심 실천가와의 협력을 통한 변화 및 성과'가 결코 다르지 않다는 것을 알 수 있다.

한편, 시하 대장군은 세존께서 말씀하신 '지금 여기서 스스로 보아 알 수 있는 이러한 여섯 가지 보시의 결실에 대해서는 단지 세존에 대한 믿음만으로 받아들이는 것이 아니라 스스로도 알고 있다.'라고 말한다. 그러나 세존께서 '시하여, 보시를 행하는 보시의 주인은 몸이 무너져 죽은 뒤 좋은 곳(善處)에 태어난다. 라고 말씀하신 것에 대해서는 제가 알지 못합니다. 이 점에 대해서는 저는 세존에 대한 저의 믿음으로 받아들입니다.' 라고 답하고 있다.

우리는 이 대목을 잘 살펴볼 필요가 있다.

시하 대장군은 보시를 행하는 보시의 주인은 죽은 뒤에 좋은 곳에 태어난다고 하신 붓다의 말씀에 대해 자신은 사후의 세계에 대해서는 지금 여기서 보지 못하기 때문에 그것을 알 수는 없다고 말한다. 그럼에도 불구하고 시하 대장군은 그것을 세존에 대한 믿음으로 받아들이겠다고 한다. 그리고 이것은 붓다와 시하 대장군 사이의 믿음이 얼마나 공고한가를 알게 해 준다.

실제로 위 사례 이야기를 살펴보면 내담자는 동 주민센터나 정신건강증진센터로부터 계속해서 지원을 받고 있었으나 알코올을 마시고 자살하고 싶다는 생각이 드는 고통의 순간에 연락을 취한 것은 이미 종결을 한 00종합사회복지관의 000 실천가였다. 내담자가 연락을 할 수 있었던 이유는 아마도 자신이 힘들 때 손을 내밀면 언제든지 자신을 도와 줄 것이라는 실천가에 대한 굳은 믿음에 근거할 것이다. 죽고 싶을 만큼 힘든 상황 속에서도 버티고 견뎌온 내담자를 늘 칭찬하고 지지해주는 실천가와 이야기를 나누면서 내담자는 자신의 강점과 성공 경험을 스스로 알게 되었다. 그리고 그 과정 속에서 내담자는 자기 자신을 괜찮은 사람이라고 여길 수 있게 되었고, 앞으로 얼마든지 자신이 원하는 대로 살아갈 수도 있겠다는 희망을 보게 되었으며, 또 그렇게 해 낼 수 있는 힘이 자기 자신에게 있다는 것을 깨달았기 때문에 실천가와 내담자 사이에 신뢰가 구축될 수 있었던 것이다. 이러한 측면에서 해결중심 접근은 실천가와 내담자 사이에 굳은 신뢰 형성에도 매우 유용한 접근 방법임을 알 수 있다.

뿐만 아니라 보시를 행하는 보시의 주인은 몸이 무너져 죽은 뒤 좋은 곳에 태어난다는 눈에 보이지도 않고 알 수도 없는 보시의 결실을 단지 세존에 대한 자신의 믿음으로 받아들이겠다는 시하 대장군의 붓다에 대한 믿음은 해결중심 실천가가 지금 현재 보이지는 않지만 내담자의 강점이 잠재되어 있음을 믿고, 상담을 통해 드러난 강점을 활용해 내담자가 원하는 삶을 살아갈 수 있도록 도움으로써 얻게 되는 내담자와 실천가 사이에 형성된 깊은 신뢰와도 일맥상통한다.

사실 복잡하고 심각한 문제를 지닌 내담자에게서 눈에 보이지 않는 강점이 그에게 있다고 믿고, 강점을 찾아낸다는 것은 결코 쉽지 않은 어려운 일이다. 그러나 해결중심 실천가는 내담자가 수많은 어려움을 겪으면서도 지금까지 버티고 살아온 존재이기 때문에 어떠한 형태로든 강점과 능력이 그 안에 잠재되어 있을 것이라고 믿는다. 그래서 설사 나약하고, 무기력하고, 힘이 없어 보이는 내담자에게서도 그가 지닌 강점과 힘을 발견해 내고 드러날 수 있게 도울 수 있는 것이다.

그리고 해결중심 접근의 이러한 철학은 '난화(亂畵) 속 숨은 그림 찾기'를 통해 좀 더 자세히 설명할 수 있다.

난화(亂畵)란 말 그래도 어지러운 그림이다. 사람들에게 난화를 그리게 한 후 다른 사람과 그림을 바꾸게 하여 상대방의 난화 속에서 뭔가 의미 있는 그림이나, 상징 등을 찾아내 보라고 하면 사람들은 아무 것도 보이지 않는다며 어쩔 줄 몰라 하고 당황한다. 그러나 계속 열심히 찾으려고 노력하면 무언가는 분명히 발견해 낼 수 있을 것이라고 지지하면 사람들은 서서히 그 난화 속에서 재미있는 상징이나 그림들을 찾아내기 시작한다. 처음에는 도저히 못 찾겠다고 툴툴 거리던 사람들도 하나씩 의미 있는 무언가를 찾아내기도 하고, 여러 가지 선과 도형을 잇고, 색칠하면서 새로운 무언가를 발견해내기도 하고, 또 만들어내기도 하며, 더 나아가 완전히 새로운 점을 찍거나 선을 그려서 이전 난화에는 없었던 것을 새롭게 창조해 내기도 한다.

그리고 처음 난화를 그린 주인에게 그림을 되돌려 준 뒤 본인의 난화 속에 이렇게 많은 숨은 그림과 상징들이 있었는지 알았냐고 물어보면 대부분의 사람들은 전혀 몰랐다며 웃는다. 그리고 되돌려 받은 자신의 그림 속에서 또 다른 숨은 그림과 상징들을 찾아내어 더 그려보라고 하면 사람들은 아주 열심히 난화가 아닌 완전히 새로운 그림을 탄생시킨다.

해결중심 실천가가 내담자에게서 강점을 드러나게 하고, 드러난 강점을 활용한다는 것은 이렇게 난화 속에서 의미 있는 숨은 그림과 상징을 찾아내어 이전과는 전혀 다른 새로운 그림을 그리는 과정과 비슷하다.

해결중심 실천가를 찾아온 많은 내담자의 삶은 복잡하고 심각하며 만성적인 문제들로 꽉 차서 마치 어지러운 난화와 같다. 문제투성이인 내담자에게 강점이란 도저히 없을 것 같고, 아무리 찾으려고 노력해도 보이지 않을 것처럼 여겨진다. 그러나 해결중심 실천가는 내담자에게는 분명 강점이 잠재되어 숨어 있다고 믿는다. 잠재되어 숨어있는 내담자의 강점은 해결중심 실천가와 만나기 전에는 마치 없는 것처럼 여겨진다. 조금 달리 표현하면 내담자의 강점은 바로 여기에 이러한 형태로 분명히 있다고 말하기는 어려운 상태로, 가능성으로만 잠재되어 있다는 뜻이다. 이렇게 가능성으로만 잠재되어 있던 내담자의 강점은 해결중심 실천가가 내담자의 강점을 찾고자 하는 의지가 개입되면서 하나 둘씩 드러나기 시작한다.

여기서 중요한 것은 마치 없는 것처럼 잠재되어 가능성으로만 존재하던 내담자의 강점이 해결중심 실천가의 개입으로 드러나게 되고 결국 내담자 자신도 발견할 수 있을 정도로 분명해 지기 시작한다는 것이다. 그리고 해결중심 실천가가 내담자와의 상담이라는 상호작용을 통해 잠재되어 가능성으로만 있던 내담자의 강점을 가시화하고 구체화하기 시작하면 내담자들은 드러난 자신의 강점을 활용하여 자신이 원하는 삶을 이루기 위해 자신감을 갖고 적극적으로 노력하게 된다.

이렇게 내담자가 해결중심 실천가와의 협력을 통해 일상생활 속에서 작은 시도를 해가며 더 나은 삶을 살기 위해 노력할 때 내담자들은 시하 경(A7:54) 속 붓다의 가르침처럼 '지금 여기서 스스로 보아 알 수 있는 결실', 즉 '삶의 변화'를 경험하게 되는 것이다. 그리고 그러한 일상 속의 변화를 실천가와 상담을 통해 직접 보고, 느끼고, 알고, 경험하게 될 때 내담자들은 그것을 원동력으로 하여 자신이 원하는 더 나은 삶을 살아가기 위해 보다 적극적으로 노력하고 실천하게 된다.

이처럼 시하 대장군이 '보시의 주인은 몸이 무너져 죽은 뒤 좋은 곳에 태어난다.'는 붓다의 말씀을 직접 보지도 경험하지도 못했음에도 불구하고 믿음으로 받아들인다는 것은 해결중심 접근에서 실천가들이 '내담자에게서 강점이 보이기 때문에 그에게 강점이 있다고 믿는 것이 아니라, 그에게 강점이 있다고 믿기 때문에 보인다.' 라는 철학을 믿고 따르는 것과 같은 의미로 받아들일 수 있다.

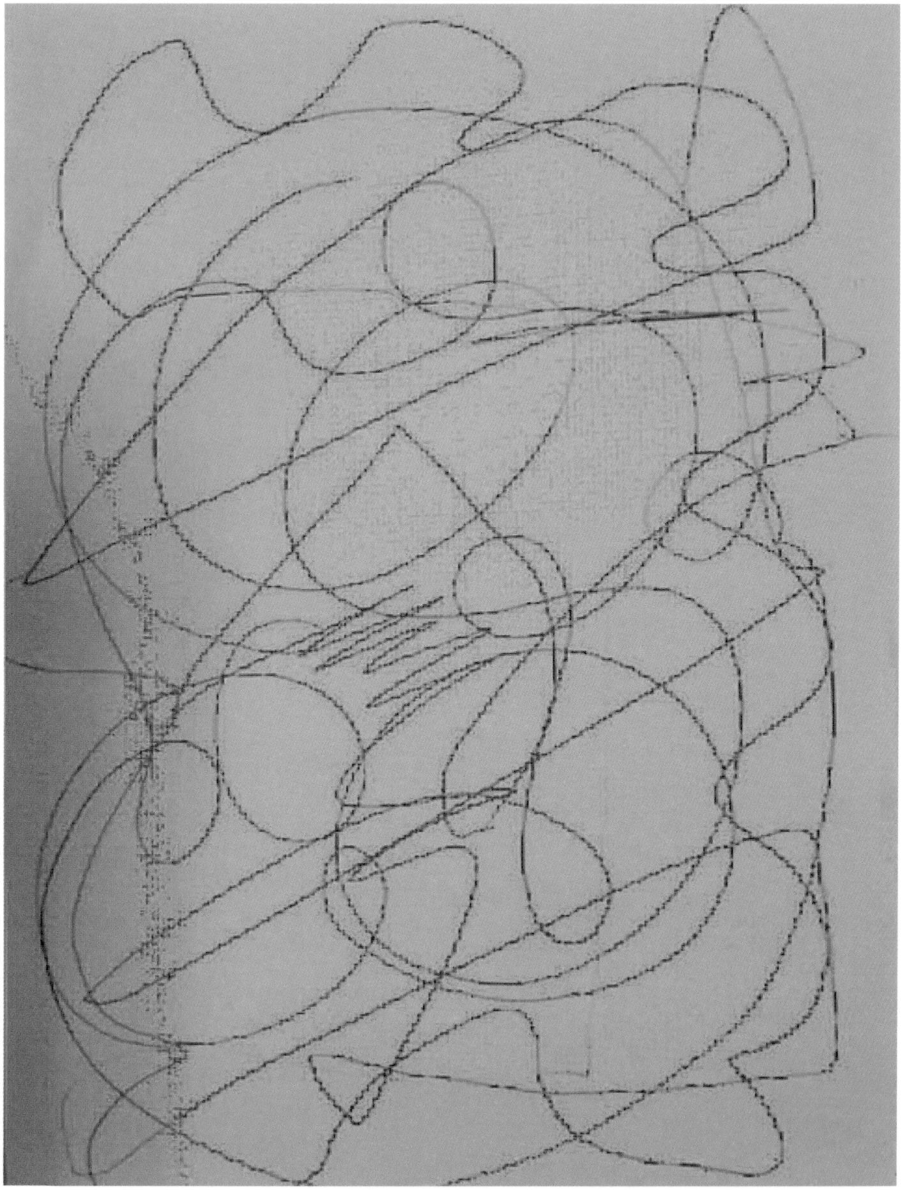

〈그림 1〉 내담자가 처음 그린 난화(亂畵)

〈그림 2〉 실천가가 내담자의 난화(亂畵)에서 찾아낸 숨은 그림과 상징들

〈그림 3〉 돌려받은 난화(亂畵)에 잠재되어 있던 선과 점을 부가하여 내담자가 새롭게 탄생시킨 그림

시하 경 (A7:54)

이와 같이 나는 들었다. 한 때 세존께서는 웨살리에서 큰 숲의 중각강당에 머무셨다. 그 때 시하 대장군이 세존께 다가갔다. 가서는 세존께 절을 올리고 한 곁에 앉았다. 한 곁에 앉은 시하 대장군은 세존께 이렇게 말씀드렸다.

"세존이시여, 지금 여기서 스스로 보아 알 수 있는 보시의 결실을 말씀해주실 수 있습니까?"

"시하여, 그렇다면 이제 그대에게 되물어 보리니 그대가 옳다고 생각하는 대로 설명해보라. 시하여. 이를 어떻게 생각하는가? 여기 두 사람이 있는데 한 사람은 믿음이 없고 인색하고 구두쇠고 비방을 일삼고, 다른 사람은 믿음이 있고 보시의 주인이고 끊임없이 베푸는 것을 좋아한다 하자. 시하여, 이 경우에 아라한들은 연민하면서 누구를 먼저 연민하겠는가? 믿음이 없고 인색하고 구두쇠고 비방을 일삼는 사람인가, 아니면 믿음이 있고 보시의 주인이고 끊임없이 베푸는 것을 좋아하는 사람인가?"

"세존이시여, 왜 아라한들이 연민하면서 믿음이 없고 인색하고 구두쇠고 비방을 일삼는 자를 먼저 연민하겠습니까? 아라한들은 연민하면서 당연히 믿음이 있고 보시의 주인이고 끊임없이 베푸는 것을 좋아하는 사람을 먼저 연민합니다."

"시하여, 이를 어떻게 생각하는가? 아라한들이 방문할 때 누구를 먼저 방문하겠는가? 믿음이 없고 인색하고 구두쇠고 비방을 일삼는 사람인가, 아니면 믿음이 있고 보시의 주인이고 끊임없이 베푸는 것을 좋아하는 사람인가?"

"세존이시여, 왜 아라한들이 방문할 때 믿음이 없고 인색하고 구두쇠고 비방을 일삼는 자를 먼저 방문하겠습니까? 아라한들은 방문할 때 당연히 믿음이 있고 보시의 주인이고 끊임없이 베푸는 것을 좋아하는 사람을 먼저 방문합니다."

"시하여, 이를 어떻게 생각하는가? 아라한들은 보시를 받을 때 누구의 보시를 먼저 받겠는가? 믿음이 없고 인색하고 구두쇠고 비방을 일삼는 사람인가, 아니면 믿음이 있고 보시의 주인이고 끊임없이 베푸는 것을 좋아하는 사람인가?"

“세존이시여, 왜 아라한들이 보시를 받을 때 믿음이 없고 인색하고 구두쇠고 비방을 일삼는 자의 보시를 먼저 받겠습니까? 아라한들은 보시를 받을 때 당연히 믿음이 있고 보시의 주인이고 끊임없이 베푸는 것을 좋아하는 사람의 보시를 먼저 받습니다.”

“시하여, 이를 어떻게 생각하는가? 아라한들은 법을 설할 때 누구에게 먼저 법을 설하겠는가? 믿음이 없고 인색하고 구두쇠고 비방을 일삼는 사람인가, 아니면 믿음이 있고 보시의 주인이고 끊임없이 베푸는 것을 좋아하는 사람인가?”

“세존이시여, 왜 아라한들이 법을 설할 때 믿음이 없고 인색하고 구두쇠고 비방을 일삼는 자에게 먼저 법을 설하겠습니까? 아라한들은 법을 설할 때 당연히 믿음이 있고 보시의 주인이고 끊임없이 베푸는 것을 좋아하는 사람에게 먼저 법을 설합니다.”

“시하여, 이를 어떻게 생각하는가? 누구에게 좋은 명성이 따르겠는가? 믿음이 없고 인색하고 구두쇠고 비방을 일삼는 사람인가, 아니면 믿음이 있고 보시의 주인이고 끊임없이 베푸는 것을 좋아하는 사람인가?”

“세존이시여, 왜 믿음이 없고 인색하고 구두쇠고 비방을 일삼는 자에게 좋은 명성이 따르겠습니까? 당연히 믿음이 있고 보시의 주인이고 끊임없이 베푸는 것을 좋아하는 사람에게 좋은 명성이 따릅니다.”

“시하여, 이를 어떻게 생각하는가? 어떤 회중에 들어갈 때 그것이 끄샤뜨리야의 회중이든, 바라문의 회중이든, 장자의 회중이든, 수행자의 회중이든, 누가 두려움 없고 당당하게 들어가는가? 믿음이 없고 인색하고 구두쇠고 비방을 일삼는 사람인가, 아니면 믿음이 있고 보시의 주인이고 끊임없이 베푸는 것을 좋아하는 사람인가?”

“세존이시여, 왜 믿음이 없고 인색하고 구두쇠고 비방을 일삼는 자가 끄샤뜨리야의 회중이든, 바라문의 회중이든, 장자의 회중이든, 수행자의 회중이든, 그곳에 들어갈 때 두려움 없고 당당하게 들어가겠습니까? 당연히 믿음이 있고 보시의 주인이고 끊임없이 베푸는 것을 좋아하는 사람이 끄샤뜨리야의 회중이든, 바라문의 회중이든, 장자의 회중이든, 수행자의 회중이든, 그 어떤 회중에 들어가더라도 두려움 없고 당당하게 들어갑니다.”

"시하여, 이를 어떻게 생각하는가? 몸이 무너져 죽은 뒤에 누가 좋은 곳(善處), 천상 세계에 태어나겠는가? 믿음이 없고 인색하고 구두쇠고 비방을 일삼는 사람인가, 아니면 믿음이 있고 보시의 주인이고 끊임없이 베푸는 것을 좋아하는 사람인가?"

"세존이시여, 왜 믿음이 없고 인색하고 구두쇠고 비방을 일삼는 자가 몸이 무너져 죽은 뒤에 좋은 곳(善處), 천상 세계에 태어나겠습니까? 당연히 믿음이 있고 보시의 주인이고 끊임없이 베푸는 것을 좋아하는 사람이 몸이 무너져 죽은 뒤에 좋은 곳(善處), 천상 세계에 태어납니다."

"세존이시여, 세존께서 말씀하신 지금 여기서 스스로 보아 알 수 있는 여섯 가지 보시의 결실에 대해서는 단지 세존에 대한 믿음만으로 받아들이는 것이 아니라 저 자신도 또한 이 여섯 가지를 알고 있습니다. 세존이시여, 저는 보시를 행하는 보시의 주인이어서 아라한들은 저를 먼저 연민합니다. 세존이시여, 저는 보시를 행하는 보시의 주인이어서 아라한들은 저를 먼저 방문합니다. 세존이시여, 저는 보시를 행하는 보시의 주인이어서 아라한들은 저의 보시를 먼저 받습니다. 세존이시여, 저는 보시를 행하는 보시의 주인이어서 아라한들은 제게 먼저 법을 설합니다. 세존이시여, 저는 보시를 행하는 보시의 주인이어서 제게는 좋은 명성이 따릅니다. 세존이시여, 저는 보시를 행하는 보시의 주인이서서 끄샤뜨리야의 회중이나 바라문의 회중이나 장자의 회중이나 사문의 회중이나 그 어떠한 회중에 들어가더라도 두려움 없고 당당하게 들어갑니다. 세존이시여, 세존께서 말씀하신 지금 여기서 스스로 보아 알 수 있는 이러한 여섯 가지 보시의 결실에 대해서는 단지 세존에 대한 믿음만으로 받아들이는 것이 아니라 저 자신도 또한 이 여섯 가지를 알고 있습니다.

세존이시여, 그러나 세존께서 '시하여, 보시를 행하는 보시의 주인은 몸이 무너져 죽은 뒤 좋은 곳(善處)에 태어난다.' 라고 말씀하신 것에 대해서는 제가 알지 못합니다. 이 점에 대해서는 저는 세존에 대한 저의 믿음으로 받아들입니다."

"그러하다, 시하여. 참으로 그러하다, 시하여. 시하여, 보시를 행하는 보시의 주인은 몸이 무너져 죽은 뒤 좋은 곳(善處)에 태어난다."

대림스님 역(2013), 『앙굿따라 니까야 4』 초기불전연구원. pp.457-461.

제5장

불교사회복지 실천의 적용가능성

본 연구는 초기경전『앙굿따라 니까야』에서의 중생 구제를 위한 붓다의 가르침과 해결중심 접근의 인간중심적인 철학 간에는 인간의 문제에 적용할 수 있는 비슷한 실천원리가 많다는 점에 착안하여, 초기경전인『앙굿따라 니까야』를 해결중심 접근의 실천원리로 분석하고자 하였다.

이를 통하여 초기경전 속에 나타난 붓다의 가르침이 사회복지실천 현장에서 어떻게 활용될 수 있는지, 내담자에 대한 수용과 실천가의 태도에서 해결중심 접근에 대한 불교 철학적 기반을 탐구하여, 초기경전의 실천적 형태로서 해결중심 접근의 가능성을 확인하고, 그 연관성을 밝힘으로써 해결중심 접근에 대한 철학적 기반에도 기여하고자 연구를 시작하였다.

이를 위해 본 연구는 해결중심 접근과『앙굿따라 니까야』에 대한 이론을 살펴보고, 이어『앙굿따라 니까야』에서 읽어낼 수 있는 해결중심 접근의 원리를 찾아 분석 기술하였다. 이러한 본 연구는 처음 시도 되는 것으로 연구를 통해 알 수 있었던 것은 이 둘은 서로 연관된 것이 많았고 해결중심 접근의 철학적 기반을『앙굿따라 니까야』에서도 찾아 볼 수 있었다.

『앙굿따라 니까야』는 주석서에 의하면 4부 니까야 가운데 맨 마지막에 결집한 것이다. 문자적으로 "구성요소가 [하나씩] 더 높아지는 것이라는 뜻으로 [주요 주제의 숫자가] 하나씩, 하나씩 증가하면서 설해진 마음의 유혹에 대한 경(A1:1:1) 등의 9557개의 경들의 모음에 의한 결집이다."라고 정의하고 있다(대림스님 역, 2013b: 18).

해결중심 접근은 내담자가 자기 문제를 해결하기 위해 이미 하고 있는 것과 내담자가 원하는 변화가 무엇인지, 변화가 이루어지면 자신의 삶이 어떻게 달라질지, 그리고 그 변화를 이루는데 무엇이 필요하다고 보는지 살펴 볼 수 있도록 돕는다. 또한 내담자의 강점과 자원, 예외 등에 대해 살펴보고 내담자를 자기 삶의 전문가라고 여긴다. 뿐만 아니라 내담자가 원하는 것을 구체화하고 확대해 나가는 방법을 찾을 수 있도록 돕기 위해서 기적질문, 예외질문, 대처질문, 관계성 질문 등 다양한 질문기법을 사용한다.

『앙굿따라 니까야』에 나타난 해결중심 접근을 분석한 내용을 요약해서 살펴보면 다음과 같다.

첫째, 해결중심 접근의 원리 중 내담자의 강점을 강조한 경(經)으로는 깨달음의 구성요소 경, 나쁜 이야기 경, 원한을 제거 함 경2, 시하 경, 두려움경 등이다. 이들 경에서는 내담자가 가지고 있는 강점과 능력, 자원이 무엇인지를 탐색하여 내담자가 이미 가지고 있는 것으로부터 시작해야 한다는 원리가 잘 드러나 있다. 해결중심 접근 실천가는 내담자가 가진 강점을 발견하도록 도와주어 그것을 기반으로 내담자 자신이 하고자 하는, 자신이 원하는 삶을 살아가도록 돕는다.

둘째, 자기결정의 원리가 드러난 경(經)으로는 힘 경, 시하 경, 꼬살라 경, 선 경, 나라다 경 등으로 이들 경에서는 해결중심 접근에서 자기결정은 인간의 기본 권리일 뿐만 아니라 개인이 각자의 고유한 방식으로 성장해 나가는데 있어 중요한 강점으로 중요시 된다. 또한 내담자의 자기결정은 스스로의 능력과 잠재력을 발휘하게 하여 매 순간 삶의 방향을 선택하면서 성숙해 가는 자기실현의 길로 나아가게 한다.

또한 이들 경에서는 내담자의 자기변화에 대해 잘 드러나 있는데 해결중심 접근에서 실천가는 지속적으로 내담자의 변화과정을 계속 주시하고 그의 발전된 모습을 찾아가도록 도와주고 내담자 스스로도 자기의 삶을 반조하며 자기의 발전적인 모습에 고무되어 삶에 커다란 변화를 가져오도록 노력한다.

셋째, 해결중심 실천가는 내담자와 협력적 관계를 형성하는데 있어서 도움이 되는 말을 할 때 적절한 때가 언제인지를 아는 것이 매우 중요하다. 이러한 원리가 드러나 있는 경으로는 뽀딸리아 경, 적당하지 않은 순간 경, 나라다 경 등이다. 내담자 자신이 나아지고 있다는 것을 알았을 때 성공한 경험은 내담자에게 계속 더 노력하는 원동력이 되고 이러한 것이 가능하게 하기 위해서는 내담자를 원조할 적당한 시기가 있다. 아무리 내담자에게 도움이 된다고 할지라도 내담자가 그 문제를 다루고 싶어 하지 않는다면 실천가는 먼저 나서서 그 문제를 다루지 않고 원조할 적당한 시기를 기다려야 한다.

넷째, 수부띠 경과 안거를 마침 경, 원한을 제거함 경2는 내담자를 자기 삶의 전문가로 본다는 내용이 담겨 있는 것으로, 해결중심 접근에서는 내담자의 삶을 가장 잘 아는 전문가는 실천가가 아니라 내담자이므로 그가 원하는 변화를 만들어 낼 수 있는 사람도 내담자 자신이라고 믿는다. 따라서 실천가는 내담자의 전문성을 이끌어내는 역할을 한다.

마지막으로 대중공사 경, 법답지 못한 경, 행하지 않은 경, 외도의 주장, 꼬살라 경 등은 문제 중심에서 해결중심으로 인식을 전환하여 내담자가 현재 자신의 삶 속에서 무엇을 바꾸어야 하는지, 어떤 노력이 필요한지를 알게 하는 내용이 담겨져 있으며, 천신 경은 내담자의 이야기를 적극적으로 경청하고 공감하고 지지하는 내용이 담겨 있는 경으로 해결중심 접근에서도 실천가가 내담자의 이야기에 경청하고 공감하며, 인정을 통해 긍정적인 메시지를 전달하여 내담자에게 자신의 행동에 대한 확신과 희망, 자신감을 증진하는데 기여한다.

나꿀라 경은 해결중심 접근에서 가족 상담에 대한 내용이 담겨 있는 경(經)으로 내담자의 가족은 가족 스스로가 강점을 가지고 있고 그 강점이 내담자 가족에게 큰 자산임을 확인시켜 주고 있다. 또한 내담자에게 영향을 주고받는 상호작용 대한 내용이 담겨 있는 것으로 가족은 가족 구성원 간 상호작용하는 존재로서 서로에게 영향을 미치고 있는 존재들이다. 그러므로 이들 각각의 강점과 자원은 문제에 빠진 내담자를 도울 수도 있고 함께 변화할 수 있도록 돕는 상호작용하는 존재이다. 특히 해결중심 접근에서 관계성 질문은 서로에게 영향을 미치는 상호작용에 대한 것임을 알 수 있게 한다.

『앙굿따라 니까야』를 해결중심 접근의 원리로 분석한 결과 『앙굿따라 니까야』와 해결중심 접근에서 공통의 철학적 의미를 발견할 수 있었다. 그것을 살펴보면 다음과 같다.

첫째, 인간은 늘 변화한다는 것이다. 해결중심 접근에서는 내담자의 문제를 해결하기 위해 실천가가 자신이 가지고 있는 전문적인 지식이나 기술로서 해결책을 제시하지 않는다. 오히려 내담자의 문제는 그가 스스로 해결할 수 있다는 견해와 그것에 대한 의미부여를 중요시한다. 이러한 접근은 문제의 원인을 파악하고 분석하는 것이 아니고 처음부터 바로 해결방안을 찾아가도록 원조하고 발견하도록 함께 하는 것이다.

이러한 것이 가능한 이유는 해결중심 실천가가 내담자에 대해 '알고 싶어 하는 자세(not knowing posting)'[1]를 취하고, 내담자를 자신의 문제를 가장 잘 해결할 수 있는 자기 삶의 전문가로 존중하기 때문이다. 또한 문제를 해결할 수 있는

1) '알고 싶어 하는 자세(not knowing posting)'는 Anderson과 Goolishian(2007)이 처음 사용한 용어로 실천가는 절대(전문가의 준거 틀로) 내담자의 경험과 행동이 나타내는 의미를 미리 알 수 없다는 것이다(노혜련 · 허남순, 2015: 27).

강점, 능력, 자원, 잠재력 등을 가지고 있어서 문제를 문제로만 받아들이지 않고 내담자의 강점과 자원을 발견하고 그것을 활용하여 내담자 스스로를 더 나은 삶, 성숙, 성장으로 나아가도록 돕는다. 따라서 해결중심 실천가는 내담자가 문제에 빠지는 대신 자신이 이미 가지고 있는 강점, 능력, 자원, 잠재력을 스스로 발견하고, 그것을 활용하여 자신이 원하는 더 나은 삶을 살아갈 수 있도록 돕는다.

붓다의 가르침 가운데 하나인 무상(無常)은 사람은 늘 변화할 수 있는 존재라는 것을 의미한다. 인간은 자기 자신에게 있는 힘, 자원, 강점, 능력 등을 가지고 있으면서도 문제가 발생하면 자기 내면의 힘을 찾지 못하고, 쉽게 낡은 습관을 쫓아서 예전에 했던 행동방식대로 하려고 한다. 즉, 또 다른 가능성, 변화할 수 있는 존재라는 것을 놓치고 만다.

우리는 행복이 견고하고 영속할 것이라고 믿지만, 삶에서 그것이 문제로 나타날 경우 고통에 처한다. 그러나 붓다의 가르침인 무상을 통해 스스로가 계속 변화하는 존재라는 것을 알게 되면 결코 약해지거나 절망하거나 비참해 할 필요가 없다는 것을 깨달을 수 있다.

붓다 또한 해결중심 접근에서의 실천가가 그러하듯이 내담자가 가지고 있는, 원래 있는 것을 다르게 볼 수 있도록 하고, 다르게 시도해 보도록 하여 내담자를 변화할 수 있도록 원조하고 있다. '변하지 않는 것은 없다'는 무상(無常)의 원리를 있는 그대로 보면 우리는 더 이상 두려워 할 것도 없고 헤매고 다닐 필요도 없다. 우리는 자기 자신에게 있는 강점과 자원을 발견할 수 있는 확신, 변화할 수 있는 존재라는 것을 대면하게 될 것이다.

둘째, 인간은 행복을 추구하는 존재라는 것이다. 문제 중심의 상담에서 내담자의 문제에 대한 원인을 찾는 것은 오히려 내담자를 더 깊은 상처로 내몰거나 더 절망하게 만들 수도 있다. 하지만 해결중심 접근에서는 내담자의 행복의 상태를 추구하고 있다. 기적질문이나 예외질문을 통해 현실과 동 떨어진 근거 없는 상상을 하는 것이 아니라 문제의 상황이나 환경을 당장에는 바꿀 수 없더라도 내담자에게 문제가 없었던 때를 구체적으로 상상하게 하여 표현하도록 함으로써 행복한 삶에 대한 꿈을 키우게 한다.

붓다의 가르침 역시 괴로움의 소멸과 행복의 실현을 궁극적 목적으로 하고 있다. 『앙굿따라 니까야』에서도 붓다는 여러 가지 다양한 행복을 이야기 하고 계시다. 붓다는 행복이란 누가 주는 것이 아니라 이미 우리 안에 주어져 있는 것을 활용하여 이전과는 다르게 생각하고 행동함으로써 얼마든지 스스로가 만들어 낼 수 있는 것이라는 것을 가르쳐 주고 계시다. 이것은 결국 내담자가 가지고 있는 문제의 의미를 다르게 보도록 원조하여 인식의 전환을 통하여 자신의 문제에서 벗어남으로써 행복한 존재로 살아가도록 한다.

셋째, 인간은 서로가 상호 작용 관계 속에 있다는 것이다. 해결중심 접근에서 관계성 질문은 내담자와 밀접한 관계가 있는 다른 사람들에 대한 질문으로 다른 사람이 지각하는 내담자의 힘, 희망, 가능성, 한계 등을 어떻게 보고 생각하는지에 관한 것이다. 특히 내담자가 가지고 있는 문제가 가족과 관련한 것이면 내담자에게 관계성 질문을 통하여 내담자가 가지고 있는 강점뿐만 아니라 가족에게서 나타나는 강점을 발견할 수 있도록 돕는다.

해결중심 실천가는 모든 인간은 이미 자신의 문제를 해결할 능력을 가지고 있다고 믿고 있으며, 내담자의 가족 스스로가 설정한 목표에 도달하기 위해서 아직 잘 사용하지 못하는 능력을 찾게 도와주며, 성공하지 못한 해결방안보다는 과거에 이미 성공했던 해결방안에 관해 이야기함으로써 효과가 없는 것에 몰두해 있는 가족의 생각을 바꿀 수 있게 한다. 이렇게 가족들은 서로의 강점과 자원을 활용하여 상호작용함으로써 그들의 문제를 해결해 간다.

모든 존재는 서로 연결된 존재로 보고 있는 것이 불교의 연기관이다.[2] 즉, 우리들은 서로가 서로를 의존하고 서로 돕는 상호작용의 관계에 놓여 있는 것이다. 이러한 측면에서 본다면 내담자와 연결된 세계에 존재들, 특히 가족은 서로서로에게 영향을 크게 미치고 있는 존재들이다. 그러므로 이들 각각의 강점과 자원은 문제에 빠진 내담자를 도울 수도 있고 함께 변화할 수 있도록 돕는 상호작용하는 존재, 즉 연기적 관계 속에 있는 것이다.

이상으로 『앙굿따라 니까야』와 해결중심 접근의 공통적 철학 기반을 살펴보았다. 이것을 바탕으로 본 연구의 활용 방안을 다음과 같이 모색해 보고자 한다.

해결중심 실천가는 내담자에 대해 스스로 자신의 문제를 해결할 수 있는 자기 삶의 전문가로 보는 긍정적인 태도를 가지고 있다. 오늘날 지나친 자기중심적 사고와 많은 사회적 위험에 놓여 자기를 이해하고 타인을 수용하는데 부정적인 태도를 가지고 있는 현대인을 대상으로 자신에 대한 강점, 자원, 잠재력 등 문제 상황에서도 긍정적인 측면을 발견할 수 있도록 초기경전을 활용한 해

2) 각묵스님은 "초기불교에서의 연기는 괴로움의 발생구조와 소멸구조를 보여주는 것으로 연기를 더구나 12연기를 중중무진연기로 이해해서 전우주의 상호관계로 이해하려 드는 것은 부처님의 근본입장을 호도하는 것이 된다. 물론 초기불전의 논장에서는 24가지 조건을 통해서 모든 법의 상호의존 혹은 상호관계를 밝히고 있고, 설일체유부에서는 6인-4연-5과로써, 유식에서는 10인-4연-5과로써 제법의 상호의존을 밝히고 있다. 화엄의 중중무진연기는 이러한 상호의존이 발달된 것이지 이것을 초기경의 12연기와 연관지어 해석하려드는 것은 아주 위험한 발상."이라고 지적하고 있다(각묵스님, 2015: 254).

결중심 상담이 가능할 것이다.

예컨대 내담자 자신의 힘든 상황이나 문제를 해결하기 위해 시도한 작은 노력들이 성취되었을 때 그것에 대해 기뻐하는 마음, 만족하는 마음이 희열로, 그리고 지속적 노력(정진)에서 성취되는 경안, 평온은 성공을 계속 경험하고자 하는 동력이 될 수 있기 때문에 붓다의 가르침인 깨달음의 구성요소와 연결될 수 있는 것이다.

해결중심 접근에서 심한 곤경에 빠진 내담자가 작은 것을 스스로 실천하였을 때 오는 성공 경험의 기쁨(희열)은 내담자로 하여금 원하는 삶을 살기 위해 지속적으로 노력하게 만드는 동력으로 작용한다. 이렇게 내담자의 강점을 강조하고, 지금 할 수 있는 실천방법을 강조하는 해결중심 접근은 불교의 상담 방법의 하나로 활용 가능할 것이다.

또한 해결중심 실천가는 문제 상황에 빠진 내담자를 희망의 근원적 힘을 찾아 갈 수 있도록 도울 수 있는 전문가이다. 문제 상황에 빠진 내담자는 자신이 어떤 힘을 가지고 있는지 알지 못한다. 이러한 경우 해결중심 실천가는 내담자와 함께 문제에 빠지는 것이 아니라, 실천가로서의 알고 싶어 하는 자세를 유지하면서 내담자의 고통, 절망, 두려움 등 정서적 측면을 지원하고 내담자로 하여금 희망을 향해 나아갈 수 있도록 돕는다. 해결중심 실천가는 내담자와 단순한 대화에 참여하는 것이 아니라 실천가 자신의 태도에 따라 내담자의 변화를 도울 수 있는 힘을 가지고 있다. 특히 실천가는 내담자가 가지고 있는 가치나 의견과는 다른 이야기를 할 때 자신의 생각을 섞지 않고 판단하지 않으면서 내담자의 생각을 그대로 받아들이는 것이 중요하다. 내담자가 하는 이야기를 평가하면서 동시에 내담자의 이야기를 실천가의 준거 틀에 따라 듣지 않고 경청하고 공감한다는 것은 결코 쉬운 일이 아니다. 따라서 초기경전에 나타난 붓다의 가르침을 따라 수행하는 힘은 해결중심 실천가에게 문제 상황에 빠진 내담자의 고통에 함몰되지 않도록 이끄는 힘을 키울 수 있을 것이다. 그러므로 해결중심 실천가에게 상담에 있어서 자신의 힘을 키우는 방법으로 불교의 수행방법 또한 활용 가능하다고 할 수 있을 것이다.

본 연구는 『앙굿따라 니까야』와 해결중심 접근의 공통적 기반에 대한 연구로서 새로운 융합을 모색한 것이다. 연구 결과에서 알 수 있듯이 『앙굿따라 니까야』와 해결중심 접근의 공통적 기반을 찾을 수 있었고 이것은 해결중심 접근의 철학적 기반을 더 풍부하게 할 것이다. 그리고 해결중심 접근은 현대사회에서의 불교의 실천적 측면을 구체화하고 방법론을 찾을 수 있는데 기여를 할 것으로 보인다.

따라서 이와 관련하여 충분한 자료를 수집하고, 해결중심 접근에 대한 교육 프로그램이나 슈퍼비전을 통해 해결중심 접근이 불교계에서 확대 적용될 수 있도록 하는 기반을 마련할 필요가 있다.

참고문헌

〈원전〉

각묵스님 역. 2009.『상윳따 니까야 1』. 초기불전연구원.

__________. 2006.『디가 니까야 1』. 초기불전연구원.

대림스님 역. 2013a.『앙굿따라 니까야 1』. 초기불전연구원.

__________. 2013b.『앙굿따라 니까야 2』. 초기불전연구원.

__________. 2013c.『앙굿따라 니까야 3』. 초기불전연구원.

__________. 2013d.『앙굿따라 니까야 4』. 초기불전연구원.

__________. 2013e.『앙굿따라 니까야 5』. 초기불전연구원.

__________. 2013f.『앙굿따라 니까야 6』. 초기불전연구원.

__________. 2012a.『맛지마 니까야 1』. 초기불전연구원.

__________. 2012b.『맛지마 니까야 2』. 초기불전연구원.

〈단행본〉

각묵지음. 2015.『초기불교의 이해』. 초기불전연구원.

강진령. 2014.『집단상담의 실제』. 학지사.

권경희. 2002.『붓다의 상담』. 도피안사.

김혜영 · 석말숙 · 최정숙 · 김성경. 2010.『사회복지실천론』. 공동체.

노혜련 · 김윤주. 2016.『강점관점 해결중심 사례관리』. 학지사.

노혜련 · 허남순. 2015.『해결을 위한 면접』. 박학사.

박찬국. 2012.『내재적 목적론』. 세창출판사.

보건복지부 · 솔루션센터. 2006.『강점관점 해결중심 사례관리 매뉴얼』.

안옥선. 2008.『불교와 인권』. 불교시대사.

양옥경 · 김정진 · 서미경 · 김미옥 · 김소희. 2017.『사회복지실천론』. 나남.

엄명용 · 노충래 · 김용석. 2015.『사회복지 실천기술의 이해』. 박학사.

이영호. 2008.『사회복지실천기술론』. 공동체.

전남련 · 박정란 · 윤기종 · 이효수. 2012. 『사회복지실천기술론』. 정민사.
정문자 · 송성자 · 이영분 · 김유순 · 김은영. 2008. 『해결중심 단기치료』. 학지사.
Bruce W. Scotton, Allan B. Chinen, John R. Battista 공편/김명권 · 박성현 · 권경희 · 김준형 · 백지연 · 이재갑 · 주혜명 · 홍혜경 역. 2012. 『자아초월 심리학과 정신의학』. 학지사.
Christopher K. Germer, Ronald D. Siegel, Paul R. Fulton 공편/김재성 역. 2012. 『마음챙김과 심리치료』. 학지사.
James Rachels/노혜련 · 김기덕 · 박소영 역. 2016. 『도덕 철학의 기초』. 학지사.
Mark Epstein M. D. /전현수 · 김성철 역. 2012. 『붓다의 심리학』. 학지사.
Mark Epstein /이성동 역. 2014. 『트라우마 사용설명서』. 불광출판사.
Peter Raabe /김수배 역. 2010. 『철학상담의 이론과 실제』. 시그마프레스, 2010.
Seligman, M. E. P. / 김인자 역. 2006. 긍정심리학[Positive Psychology]. 물푸레.
Sharry, J. /김유순, 김은영, 어주경, 최중진 역, 2007. Solution-Focused Groupwork 2nd ed. 『해결중심 집단상담』. 학지사.
Sue Young /노혜련 · 김윤주 역. 2016. 『해결중심 학교 만들기』. 신정.

〈학술지〉

권경희. 2010. "현대 상담심리학에서 본 중아함경에 나타난 붓다의 교화 사례 연구" 『한국심리학회지』 22(4): 949-971.
_____. 2002. "잡아함경에 나타난 부처님의 상담사례 연구" 『보조사상』 18(18): 249-349.
권혜경 · 이희경. 2013. "초심상담자와 숙련상담자가 지각하는 내담자 강점과 활용방안에 대한 개념도 연구" 『한국심리학회지』 25(3): 397-424.
김용환. 2011. "붓다의 심리상담 연구" 『불교와 문화』 20: 45-65.
노명숙. 2013. "해결중심상담접근의 철학과 상담자 태도에 관한 연구" 『한국산학기술학회논문지』 14(8): 3724-3731.
노혜련 · 유성은. 2007. "강점관점 사례관리의 특성에 관한 연구" 『한국가족치료학』 15(1): 75-103.
박은미. 2014. "자기실현의 행복을 위한 철학상담" 『철학논집』 39: 67-99.
박철수. 2012. "붓다의 코칭 스킬" 『한국불교상담학회 학술대회지』 5: 37-44.
윤은주 · 어주경. 2015. "해결중심 사고척도의 요인구조 분석" 『해결중심치료학회지』 2(1): 1-19.
은성희 · 신동윤 · 최중진. 2015. "해결중심 집단상담이 청소년의 개인내적 임파워먼트에 미치는 영향" 『해결중심치료학회지』 2(1): 41-64.

이상미. 2011. "붓다의 위기상담에 관한 연구 : 『아함경』의 위기사례를 중심으로" 『한국불교상담학회지』 3(1): 57-77.

이우영. 2015. "분리불안 아동에 대한 해결중심 치료적 적용 - 말러(Mahler)의 분리 개별화 이론을 중심으로-" 『해결중심치료학회지』 2(1): 21-40.

정용구. 2014. "에니어그램과 정보인식체계를 활용한 강점개발에 관한 연구". 『에니어그램심리역동연구』 1(1): 267-285.

정준영 · 성승연. 2015. "초기불교의 상담사례 연구" 『불교학보』 71: 251-280.

정혜정. 2012. 「해결중심 단기 가족치료 사례에 대한 대화분석 연구: 모자갈등 사례에 기초한 치료자 개입을 중심으로」 『한국가족치료학회지』 20(1): 85-109..

최수민. 2017. "수업상황에서 관찰된 학습장애 학생의 강점 및 강점 발견활동 방법 탐색" 『한국교육문제 연구』 35(4): 169-188.

최중진. 2016. "근거이론을 통해 살펴본 해결중심치료의 실천: 통합접근의 등장" 『가족과 가족치료』 24(1): 1-26.

최중진 · 백종환. 2017. 「Insoo Kim Berg의 해결중심단기치료에 대한 미시분석」. 『한국가족치료학회지』 25(3): 529-553.

〈학위논문〉

김옥진. 2005. "自我槪念과 自我實現 및 進路成熟度 向上을 통한 自己成長 프로그램의 開發 및 效果". 홍익대학교 대학원 박사학위논문.

김자영. 2012. "간디의 비폭력 사상의 도덕교육적 함의". 한국교원대학교 대학원 석사학위논문.

신둘연. 2016. "다섯 가지 장애와 그 극복방법에 대한 심리학적 해석연구". 동국대학교 불교대학원 석사학위논문.

신희정. 2018. "초기경전에 나타난 '붓다 대화법'의 도덕교육적 함의". 한국교원대학교 대학원 박사학위논문.

〈국외문헌〉

Anderson, H., & Goolishian, H. 2007. The client is the expert: A not knowing approach to therapy. In S. McNmee & K. J. Gergen (Eds.), Therapy as Social Construction (pp. 25-39). London:

Sage.

Berg, I. K., & Dolan, Y. M. 2001. Tales of solution. New York: Norton & Company.

Berg, I. K., & Miller, S. D. 1992. Working with the problem drinking: A solution-focused approach. New York: Norton & Company.

Blundo, 2006. Shifting our habits of mind: Learning to practice from a strengths perspective. In D. Saleebey(Ed), The strengths perspective in social work practice(4th ed., pp.24-45). Boston, MA: Allyn & Bacon.

Cavanagh, M., & Grant, A. M. 2010. The solution-focused coaching approach to coaching. In E. Cox. T.Bachkirova, & D. Clutterbuck (Eds.), Sage handbook of coaching. London: Sage.

Code, B. 2007. Springs, streams, and tributaries: A history of the brief, solution-focused approach. In T. Nelson & F. Thomas(Eds.), Handbook of solution-focused brief therapy: Clinical application. New York: Routledge.

De Jong & Miler. 1995. "How to interview for client strengths. Social", Work(40): 729-736.

de Shazer, S. 1984. The death of resistance. Family Process, 23: 1-17

de Shazer, S. 1988. Clues: Investigating solution in brief therapy. NY: W. W. Norton & Co.

Efaran,J.S., Lukens, R. J., & Lukens, M.D. 1988. Constructivism: What's in it for you? The Family Therapy Networker (12): 27-35.

Furman, B., & Ahola, T. 1992. Solution talk: Hosting therapeutic conversations. W. W. Norton & Co.

Gambrill, E. 1997. Social Work Pratice: A Critical Thinker`s Guide. New York: Columbia University Press.

Gingerich, W. J., & Peterson, L. 2013. Effectiveness of solution-focused brief therapy: A systematic qualitative review of controlled outcome studies, Research on Social Work Practice, 23: 266-283

Grant, A. M. 2001. Rethinking psychological mindedness: Meta-cognition, self-reflection and insight. Behaviour Change 18: 8-17.

Hepworth, D., Rooney, R.H., & Larsen, J.A., 1997. Direct Social Work Practice: Theory and Skills (5th ed.). Pacific Grove, CA: Brooks/Cole.al.

Ivey, A. E., & Ivey, M.B, 2007. Intentional Interviewing: Counseling: Facilitating client development in a muticultural society(6th ed.). Belmont, CA: Thomson Brooks/Cole.

Jaspers, K. 1994. Psychologie der Weltanschauungen, München.

Lum, D. 2004. Social Work practical and people of color: A process- stage approach (5th ed.). Pacific Grove, CA: Brooks/Cole.

Mead, G. H. 1934. Mind, self and society. Chicago: University of Chicago Press.

O'Connell, B. 1998. Solution-focused therapy. London: Sage.

Saleebey, D. 2006. Power in the people. In D. Saleeby (Ed.), The Strenaths Perspectivd in Social Work Practice(4th ed., 1-24). Boston: Allyn and Bacon.

Sheafor, B. W., & Horejsi, C. R. 2007. Techniques and Guidelines for Social Work Practice (7th ed.). Boston: Allyn & Bacon.

Timberlake, E.M., Farber, M.Z., & Sabatino, C.A., 2002. The General Method of Social Work Practice: McMahon's Generalist Perspective (4th ed.). Boston : Allyn & Bacon.

Trevithick, P., 2000. Social Work Skills: A Practice Handbook, Philadelphia, PA: Open University Press.

Vinter, R. 1985. Components of social work practice. In M. Sundel, P.Glasser, R. Sarri, & R. Vinter(eds.). Individual change through small groups (2nd ed).11-34, New York.

저 / 자 / 소 / 개

▪ **조보각**

중앙승가대학교 불교사회학부 사회복지전공 교수
중앙승가대학교 대학원 원장
사회복지법인 자제공덕회 이사장

▪ **최영신**

중앙승가대학교 불교사회학부 사회복지전공 교수
승가실천융합연구소 소장

▪ **유성은**

중앙승가대학교 불교사회학부 사회복지전공 외래교수
승가실천융합연구소 전임연구원
해결중심실천가협회 운영위원

▪ **연이섬(태고)**

중앙승가대학교 불교사회학부 사회복지전공 외래교수
승가실천융합연구소 전임연구원
사회복지법인 자제공덕회 묘희원(노인요양시설) 원장

▪ **김도우**

승가실천융합연구소 전임연구원
중앙승가대학교 대학원 사회복지학과 박사과정수료

초기경전과 해결중심 접근

1판 1쇄 인쇄 — 2018년 3월 25일
1판 1쇄 발행 — 2018년 3월 30일

저　　자 - 조보각 · 최영신 · 유성은 · 연이섬 · 김도우
발 행 인 - 강 철 원
발 행 처 - 양 성 원
주　　소 - 경기도 파주시 검산로 173번길 29-20
전　　화 - 031-946-3861(代)
팩　　스 - 031-946-3864
이 메 일 - tnwpub@naver.com
홈페이지 - tnwpub.co.kr
출판등록 - 2015년 8월 31일 제 2015-000211 호

ISBN 979-11-6126-114-0

정가 15,000원